えらいてんちょう

地元の名士になりなさい

静止力

しょぼい自己啓発シリーズ

KKベストセラーズ

静止力

地元の名士になりなさい

えらいてんちょう

まえがき

みなさん、こんにちは。えらいてんちょうというちょっと変な名前でやっております。もちろん、インターネットのハンドルネームです。本名は矢内と申します。

簡単に自己紹介をします。大学卒業後、リサイクルショップやバーを経営する中で、ブログやＹｏｕＴｕｂｅで人気が出て「名物店長」のようになりました。そして、費用を限界まで抑えて店舗起業をする手法をまとめた『しょぼい起業で生きていく』（イースト・プレス）を上梓、おかげさまでまあまあヒットしまして、次作を書くことに相成った、そういう履歴です。

本書はひと言で言えば、ホリエモンこと堀江貴文氏やキングコング西野亮廣氏らをはじめとする〝多動力的な生き方〟を真っ向から批判して、思想的に乗り越えようとするものです。

私も、いち若手経営者として、堀江氏らの本を大変興味深く拝読し、多くのものを吸収してきました。特に『多動力』は、無意味な慣習を無視して自分の仕事のパフォーマンスを上げるために非常に役立つ本で、私も大きな影響を受けました。

しかし一方で、これでいいのかな、と疑問に思う点も多々ありました。例えば『属さない勇気～まんがでわかる「ウシジマくん×ホリエモン」生き方改革～』（小学館）という別の書籍では、堀江氏は「家族はコスト」と書いております。

私もありがたいことに、最近はいっぱしの仕事めいたことができるようになり、自分の食いぶちを稼ぐことができるようになりました。ささやかながら妻子を養っていくこともできるようになりました。

しかし、自分の食いぶちを稼げるようになるまでの二十余年はどうしていたのかと顧みれば、周りの大人――親であったり、地域社会であったり、公教育であったり――に食わせてもらってきたわけです。

つまり、周りの大人がコストを払いながら私を養育してくれたおかげで、かろうじて私は現在自分の食いぶちを稼げているということになります。

考えてみれば、我々が〝多動〟できる期間というのは、至極限られたものです。20歳前後になるまでは、身体も社会性も未熟で、そもそもまともな仕事はできませんし、60歳を過ぎれば、身体も頭脳も衰えていきます。私の自宅の隣に住んでいるおばあさんは、腰や足が痛く、近所のスーパーに行くのもひと苦労ですし、私自身、生まれたばかりの娘を連れて出かける際には、ミルクの在庫や病院の位置を把握しておかなければいけません。いくら航空券が安くなったといっても、世界のどこでも仕事ができるのは、健康な成人の特権だともいえるわけです。

私はありがたいことに、現在大きな病気もなく、仕事柄スマホ一台で仕事をすることもできます。しかし、そうした好条件を与えられているからこそ、なるべく自宅を離れず、子どもの世話をして、隣のおばあさんの買い物に付き合いたいと思うのです。

なぜなら、我々は無力な赤子として生まれて、やがて無力な老人として死んでいくからです。

負傷している人間や、小さな赤子や老人は、他者の助けがなくては健康で文化的な生活を営むことはできません。そして、弱者を助ける人は、必然的に健康な成人しかいないわけです。彼らが健康で文化的な生活を送れるようにする責務があると自らに義務を課する者を、私は〝大人〟だと思います。

考えてみれば、堀江貴文氏は〝究極の子ども〟になることを説いている人です。それは、ある種の新しさがあり、正しさがあります。誰もがしたいことをし、したくないことを避けた方が、仕事の生産性は上がる、というのももっともです。自分の仕事のペースを乱すような邪魔は入れるな、という論旨もよく分かります。

しかし、赤子は大人の都合を考えず泣きます。そして、赤子の面倒を見られるのは〝大人〟しかおらず、社会を持続可能にするのは〝自分は大人であるから、社会に対して責任がある〟と考える人の数だと私は考えるのです。

社会保障は国の役割であって、税金でなされるべきだというのも分かります。税金を納めてさえいれば、社会的弱者への役割は果たしているというのもひとつの筋が通った理屈です。しかし、税金の使い道は民主的に決定されるわけで、人々の思考が「好きなことで生きていく」ことに集中されれば、当然社会保障など「払いたくないコスト」になっていくのではないでしょうか。

本書は、一つの場所に根付いて、地元の名士になれ、ということを説いた本です。なぜ地元かといえば、弱者は移動できないからです。移動できない弱者が健康で文化的な生活を送るためには、地元が豊かでないといけません。

病院や学校がない限界集落もだんだん増えていきます。病院や学校がなくなれば、ある地域に引っ越せばいいじゃないか、それが経済合理性だという声もありますが、しかし何度も申し上げるように、弱者が移動するのは容易ではありませんし、一度失われた集落を再興するのは大変です。

ですから、いま地元で踏ん張りましょう、もし読者の方が健康な成人ならば、というのがこの本の趣旨になるわけです。

では、具体的に地元とは、名士とはなんなのか。どうやってなればいいのか。どういういいことがあるのか。そういったことを細かくお話ししていこうと思います。お楽しみいただければ幸いです。

静止力　目次

第3章

「ここが地元だ」と宣言せよ！

第4章 地元に溶け込む方法

第5章

地元の名士になるために

第 1 章

多動と静止

「1億総ホリエモン社会」になったら日本は終わる⁉

少子高齢化が叫ばれて久しい我が国ですが、２０３０年には65歳以上の高齢者の割合が30％を突破するといわれています。一方、労働力の中心を担う人口（15〜64歳の人口）は減り続けるばかりで、２０１０年代に60％オーバーだった割合は、２０３０年には約55％に減少。２０６０年には50％を下回ると予測されています。

もちろん、こうした問題を前に、日本政府も手をこまねいていたわけではありません。政府は１９９４年から少子化対策に取り組み（エンゼルプラン）、以降も子ども・子育て応援プラン（２００４年）、少子化危機突破のための緊急対策（２０１３年）、子ども・子育て本部の設置（２０１５年）、ニッポン一億総活躍プランの策定（２０１６年）など、仕事と子育ての両立支援を目標に、子どもを生み育てやすい環境づくりに向けてのさまざまな施策を打ち出してきました。とはいえ、一定の努力は見受けられるものの、現状では焼け石に水といったところでしょう。

そこで「日本人の労働者が足りないなら、海外から呼べばいいじゃない！」と言わんばかりに、近年増加しているのが外国人労働者です。２０１１年に約69万人だった外国人労働者の数は、２０１７年には約１２８万人に増加。さらに政府は、２０２５年までに50万人超の受け入れを目指すと発表しています。

そういえば、今年の新宿区の成人式では、約45％の新成人が外国人だったと報じられて話題になりましたよね。彼らの多くは大学や日本語学校に通う留学生とのことですが、日本が留学生の受け入れを拡大している目的のひとつとして、高度外国人材の確保による経済成長戦略があるわけです。


とまぁ、ざっくりと日本が直面している労働力の現状について説明しましたが、本題はここからです。労働力不足や外国人就労者が話題となっている中、果たしてネイティブ・ジャパニーズの若者は、どのような働き方をしているのでしょうか。

私が見る限り、彼ら日本の若者たちは、意欲的な人ほど多動性の潮流に乗ろうとしているように感じます。

「俺は何でもできる！」

「ひとつの仕事になんか縛られたくない！」

「自分の可能性を試すんだ！」

これらの考えは、決して悪いとは思いません。ひと昔前までなら「会社に入ったら3年は我慢しろ！」なんて言われたけれど、入った会社がブラックだったら早々に辞めるべきだし、一般の大手企業でも終身雇用で会社に守られる時代なんてとっくに終わりました。さまざまな分野の仕事ができる能力は評価されてしかるべきです。

「自分の天職を見つけるまで、転職を繰り返すんだ！」

気持ちは分かります。

「だから地元を出て、都市部に行って可能性を試したい！」

うん、その気持ちもよく分かる。

でもね、そんな彼らに向けて、私は声を大にして言いたい。

〝多動できるのは、青年時代のごく限られた期間だけなんですよ〟と。

いまの若者たちのそういった風潮を後押ししているのは、おそらくバブル経済崩壊以降に登場した新時代のリーダーたちではないでしょうか。

旧態依然の経営方針にうんざりする中、新たなビジネスモデルや思想を掲げて頭角を現したカリスマ経営者。この人たちなら、長引く不況や閉塞的な社会を打ち破ってくれるのではないか。期待とともに憧れを抱き、いつしか自分も同じように成功したいと願うようになったのは、自然なことといえるかもしれません。

そんな新時代のリーダーの中でも、意欲的な若者たちに影響を与えている代表的人物は、ホリエモンこと堀江貴文氏ではないかと思っています。というのも、先ほど「多動性の潮流」と表現しましたが、自分の可能性を追い求めてあらゆる行動を取る彼らの姿は、まさにホリエモンが提唱する「多動力」そのものだからです。

2017年5月に刊行されたホリエモンの著書『多動力』（幻冬舎）は、発売から重版が続き、いまや30万部を突破しているビジネス書のベストセラーです。

その中で堀江氏は、多動力とは《いくつもの異なることを同時にこなす力》であるとし、同書カバーの袖には、まえがきから抜粋された次のような文章が記されています。

《ＩｏＴという言葉を最近ニュースでもよく耳にすると思う。これは、ありとあらゆる「モノ」がインターネットにつながっていくことを意味する。すべての産業が「水平分業型モデル」となり、結果〝タテの壁〟が溶けていく。このかつてない時代に求められるのは、各業界を軽やかに越えていく「越境者」だ。そして、「越境者」に最も必要な能力が、次から次に自分が好きなことをハシゴしまくる「多動力」なのだ。》

このような導入ののち、ホリエモンは「三つの肩書きを持てばあなたの価値は1万倍になる」「見切り発車は成功のもと」「99％の会議はいらない」など、多動力を身に付けるための31のアイデアを提言しています。私も同書を読みましたが、賛同する部分が多く、とても勉強になりました。

でも、ちょっと待ってほしいんですよ。

多動性を重視し、合理的に動こうとする若者が増えた結果、過剰なほどに無駄を敬遠するケースが目立つようになっていませんか？

たとえば、ホリエモンの「飽きっぽい人ほど成長する」を曲解し、自分に合わない職場だと感じたら、ロクにスキルを身に付けることもなく、入社からわずか数カ月で辞めてしまう人。同様に、彼の「電話をかけてくる人間とは仕事するな」を都合よく解釈し、直接会っての対話や電話連絡が常識とされる重要な報告においても、一方的なメールで済ましてしまう人。揚げ句の果てには、退社時にはこの合わせ技で、ただメールで「辞めます」とだけ送り、いなくなってしまう人も増えているようです。

ほかにも、会社の飲み会も良い例です。歓迎会や送別会だけでなく、仕事終わりの飲みの誘いを「給料も出ないのに、職場の人と付き合うメリットはないから」と断ったり、上司からちょっとしたおつかいを頼まれたときにも「それって俺の仕事ですか?」と口答えしてしまったり……。

彼ら若者は、こうした行動を悪いとも思わず、むしろ誇らしいとさえ思っている節があります。実際、TwitterなどのSNSには、そんな書き込みがあふれてるでしょ? 上司を老害扱いし、旧態依然とした会社の仕組みや人間関係を過剰にたたき、異を唱えるツイートには賛辞を送るような風潮が漂っています。まるで、無駄を省いて自分の利だけを追求した先に、自身の成功が待っている。彼らがそう信じて疑っていないような気がしてなりません。

しかし私は、こうした若者の言動は「多動力の悪影響」だと思っています。

極端な話ですが、もしもホリエモンの提唱する「多動力」を国民全員が実践したら、間違いなく日本はメチャメチャになっちゃうと思うんです。

彼は「すべての仕事はスマホでできる」と豪語しますが、私からすれば「じゃあ、ゴミ収集は誰がやっているの？」という話です。私たちが生活する社会は、あらゆるインフラを支える多くの労働者によって成り立っています。ところが、彼の言う「すべての仕事」に、そうした人々の仕事は含まれていないのです。

もちろん、すべての人が公務員になっても国はメチャメチャになります。しかし、価値観の変化というものはとても大きなものです。徹底した合理主義によって、ホリエモンが成功者というポジションを築き上げたのは紛れもない事実ですが、時に我を通して進み続け、社会を支える労働者を軽視したり、日本人が受け継いできた歴史や伝統をないがしろにしたりする言動には賛成できません。

だから、私はホリエモンにこう言いたい。「堀江さん、あなたの考えは子どものワガママのようなものですよ」と。きっと彼は気にも留めないでしょう。なぜなら、彼自身が「永遠の3歳児たれ」と提唱し、意識的に3歳児たる好奇心とワガママを貫こうとしているからです。彼が行動する目的は極めてシンプルで「楽しい」や「面白い」なんです。

これはある著名な方がトークショーでおっしゃっていたことですが、日本ではイチローや大坂なおみなど、何かを成し遂げた人たちが褒められる。けれど彼らはそれを「好き」でやってきた結果であり、好きなことをして褒められているだけなんですよね。

一方で、ゴミ収集や下水道関係など社会的に必要だけど敬遠されがちな仕事をしている人、すなわち「人が嫌がる仕事をやっている人」たちには感謝の言葉もなく、目も向けられないこともある。ここに強い違和感があるんです……と。

もちろん「好き」を貫いたところで、誰もがスーパースターになれるわけでもなく、単純にイチローや大坂なおみがスゴイのは理解しています。でも、もう少し、実社会を見渡して考えてみてもいいんじゃないかと思うんですよね。

話が逸れました。

でも、このようなホリエイズムの象徴たる多動力が、世の中の趨勢になったら困るじゃないですか。1億総ホリエイズムとか、想像したくもないですよね？ どのつまり、彼が言うところの「バカ真面目な大人たち」がたくさんいるからこそ、社会の維持が可能なわけであって、ホリエモン自身が3歳児でいることは一向に構わないけど、私たちは多動力に踊らされてはいけないんですよ。

ほとんどの人は多動できない？ 多動力の落とし穴

もちろん、多動力を実践することで成功する人もいるでしょう。ただし、成功できるのはごく一部、本当に限られた人のみです。おそらく成功者の足元には、『多動力』

に感銘を受けて行動したものの、成功できずに終わってしまう〝多動難民〟が、無数に転がっているはずなのです。

多動力を実践する上で大切なのは、「必ず後処理をすること」です。自らの意思で選んだ仕事であっても、途中で飽きてしまったり、ほかにやりたいことを思いついたりして、別の仕事に移ることもあるでしょう。それは仕方ないことだと思います。ただし、辞める際には、しっかりと仕事の後処理をしておかなくてはいけません。

というのも、もしも多動を諦めたとき、自分が帰る場所がなくなってしまう恐れがあるからです。「この仕事はオレには合わない」「思っていた仕事と違うから辞める」などとロクに後処理もせず、次から次へと職を変え、ブラブラし続けている。そんな人に対する世間の評価は、当然ながら低く、信用されません。彼らを待ち受けているのは、居場所を求めてさまよう多動難民という結末なのです。

なんだかんだいって、ホリエモンのスゴイところは、一度約束した仕事は必ず後処理しているだろうという点です。たとえば、AbemaTVの『ドラゴン堀江』は半年スパンの仕事で、多忙な彼がこの仕事だけに注力するのは難しかったはずです。それでも彼は、立派に番組として成立するレベルまで持っていったわけじゃないですか。

彼はイヤだと思っても、引き受けた以上は必ず何らかの片を付けます。服役中も、メルマガを一度だって休むことなく配信していました。これは純粋にスゴイと思います。ただ単に何でもかんでも多動するのではなく、多動に伴う責任をまっとうしている。ちゃんと人から信用を得られるような行動をしているんです。

じゃあ、ホリエモンのように必ず後処理をすれば、多動でもいいじゃないか。そう思う人もいるでしょう。でも多動できるのは、青年時代のごく限られた期間だけなんですよ?

そもそも多動力とは、健康な独身成人だけに許される、極めて特殊な思想です。次から次へと自分が好きなモノを求めて行動するためには、肉体的にも、精神的にも、金銭的にも、ありとあらゆる余裕が不可欠なんですから。

私には妻と子どもがいますが、家庭を持ってからというもの、気軽にフラフラできなくなりました。海外はもちろん、地方への旅行すら行きづらい。これがひとりだったら簡単なんです。思い立ったその日に家を出て、時刻表も調べず電車に乗ってもいいし、宿にしても目的地に着いてから探したっていい。

しかし、家族連れの旅行となると、そういうわけにはいきません。ましてや幼い子どもがいるならなおのことです。長時間の電車移動は子どもがぐずって泣き出すかもしれないから、車にした方がいいだろうか。回りたい観光名所がたくさんあるけど、体力的に子どもじゃキツイかな……といった具合に、考えるべきことが多く発生します。ややもすれば「大変そうだから、やっぱり旅行は中止！」なんて結論にもなりかねません。

このように、現在28歳の私ですら妻と子どもを持っただけで多動性が制限されてしまうのです。さらには、老齢の家族がいるから掛かりつけの病院に送迎しなくてはいけない、養うべき家庭があるから転職を躊躇(ためら)ってしまうなど、家族が増えれば増えるほど多動性は制限されていきます。

つまり、多動力を発揮して成功するという思想は、多動可能な人間だけを中心にしたもので、極めて視野の狭い未熟な思想なのです。そこで、先ほどよりももっと大きな声で、皆さんに次の言葉を贈りたいと思います。

〝いま本当に必要なのは、多動力ではなく「静止力」である〟

静止力を発揮して地元の名士を目指せ

「静止力」とは、自分がここだと決めた場所を終生の拠点に設定し、その拠点を中心に活動しながら、成功を収めていくための能力です。そして、この静止力における成功こそが、ズバリ、本書の副題でもある「地元の名士」になることです。
前置きが長くなりましたが、静止力を発揮し、いかにして地元の名士の座につけばいいのか。その方法を、誰もが実践可能なものとして紹介していくのが本書のメインテーマです。

とはいえ、ここまで多動力を中心に話を進めてきたので、急に静止力だの地元の名士だのといわれても、ピンと来ない人もいるでしょう。そこで、まずは改めて多動力のデメリットを列挙しますので、その上でなぜ私が静止力を提唱するのかを理解していただきたいと思います。

（1）多動を発揮できる期間は、人生においてあまりにも短い
（2）多動力を主体とした人たちが増えると、社会が機能しなくなる
（3）多動を実践した後に挫折すると、居場所を失う恐れがある
（4）多動の人には重要な仕事を任せにくい

（5）多動の人が増えると、地方の荒廃が加速する

（1）から（3）はすでに述べた内容なので、（4）と（5）について補足します。

（4）は、多動を繰り返す人は、周囲に「いつ、いなくなってしまうか分からない」という不安を抱かせ、長く働いている人に比べて信用されにくくなります。「コイツに任せて大丈夫だろうか？　やっぱり心配だから簡単な仕事でもやらせておくか」といった具合に、長期的な仕事や重要な仕事を任されるチャンスを逃してしまうのです。その結果、実績を重ねるまでに時間がかかり、社会的信用を得ることからも遠ざかってしまいます。

（5）は、仕事にしても娯楽にしても、あらゆる好きなモノを追い求めると、必然的に選択肢の多い都市部に落ち着くという傾向が現れます。つまり、多動力の人が増えると、その分だけ地方から労働者が離れることとなり、地方の荒廃が進んでしまうわ

けです。

さて、以上を踏まえた上で、静止力のメリットをご覧ください。

多動する若者が増える中、

静止する人の貴重性・重要性が高まる

これだけです。「本当かよ、もっとあんだろ!」と思った人もいるかもしれませんが、これが静止力における最大かつ最強の武器です。早い話が、これだけで多動力のデメリットすべてをカバーできているんです。

それだけではありません。静止する人の貴重性・重要性は、自身の拠点においても有効です。つまり、拠点周辺での自らの存在感を高めることで、地元の名士になるための距離がグッと近づくのです。

今後、少子高齢化や多動性の潮流を受けて、我が国の人手不足・後継者不足は、よりいっそう深刻化していきます。顕著なのは地方ですが、都市部でも必ずや後継者不足が深刻化すると断言できます。

インターネットが台頭し、遠く離れた人とも簡単につながることができる現在、プライベートでもビジネスでも、ネットを介したコミュニケーションを重視する傾向が強まっています。この結果、リアルの交流がおろそかになり、かつては当たり前だった地域内でのリアルな交流も失われつつあります。実際、P.33で示した平成29年度版の総務省『情報通信白書』のグラフを見ていただければはっきりと分かります。1日あたりのモバイルからのインターネット利用時間は、各年代を合わせた全体平均で2012年の38分から、2016年には61分と1・6倍にもなりました。その利用内訳は「SNS」や「メールの読み書き」「ブログ・ウェブサイトの読み書き」で大半を占めています。

一方のビジネスシーンを見ても、一部のＩＴ企業ではリモートワークを取り入れており、中でもソニックガーデンという会社は本社家屋を撤廃して、全社員リモートワークが主体となっています。

参考までに、主なＳＮＳの年代別利用率もグラフ化しましたが、このようなネットコミュニケーションが主体となった現在、私は逆に大きなチャンスを感じています。リアルな人間関係が希薄になりがちないまだからこそ、自分の周りに住んでいる「自分の地域」の住民との交流を大切にし、老若男女から信頼関係を築いていくことができれば、新参者が一代にしてその土地の名士の座をつかむことも夢ではありません。

事実、すでに私は行動に移していますし、よりレベルを上げた「複数の地元で名士になる」や「赤の他人の墓守になる」を目指しているところです。

そうはいっても、やっぱりみなさんには共感しながら読んでもらえるとうれしいというのも本音です。ですので、本章の話で「静止力」や「地元の名士」に興味を持ってくれた人は、ぜひ次章以降も前のめりで読み進めてください。

モバイルからのインターネット利用時間
（2012年と2016年の比較）

総務省　平成29年 情報通信白書より

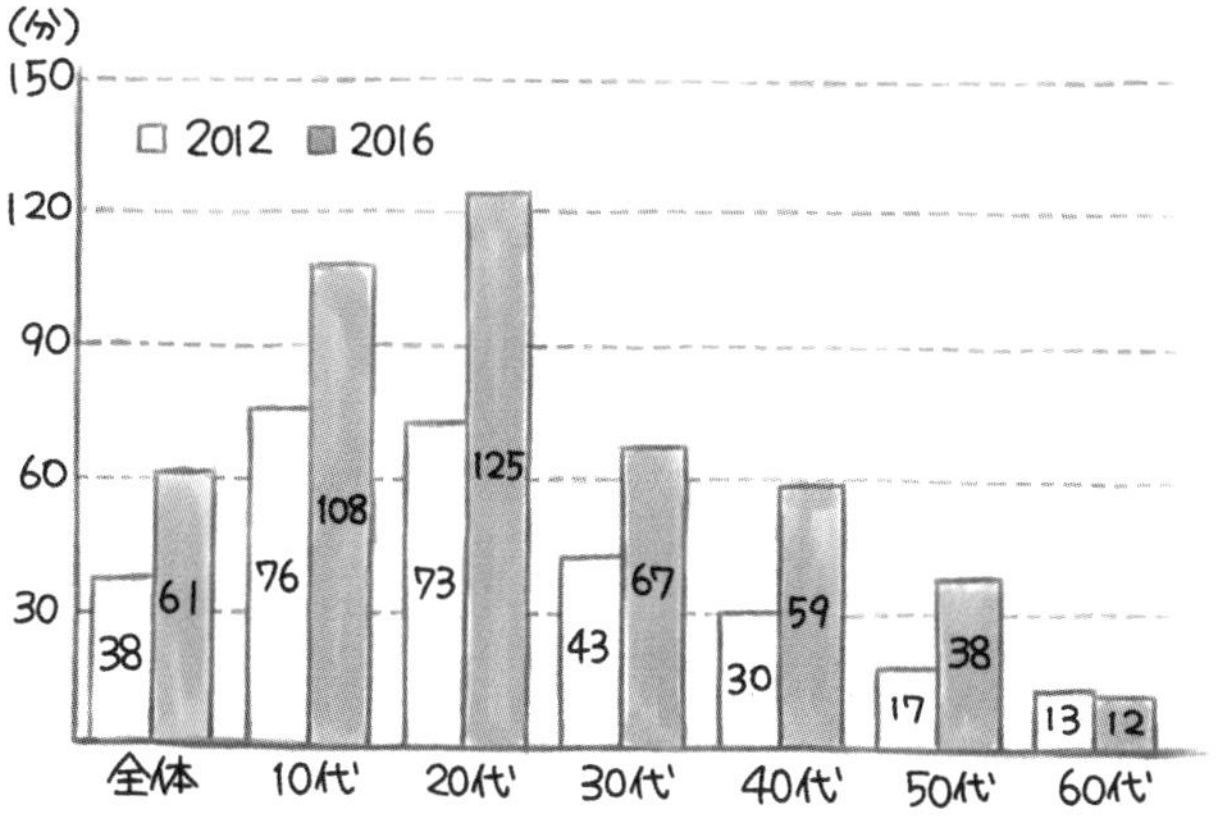

2016年度　主なSNSの利用率

総務省　平成29年度　情報通信白書より

	LINE	Facebook	Twitter	YouTube
全体(N=1500)	67.0%	32.3%	27.5%	68.7%
10代(N=140)	79.3%	18.6%	61.4%	84.3%
20代(N=217)	96.3%	54.8%	59.9%	92.2%
30代(N=267)	90.3%	51.7%	30.0%	88.4%
40代(N=313)	74.1%	34.5%	20.8%	77.3%
50代(N=260)	53.8%	23.5%	14.2%	55.4%
60代(N=303)	23.8%	10.6%	4.6%	29.7%

第 2 章

地元の名士とは何か

「地元」とは何か？

第1章でも言及しましたが、本書のテーマのひとつは「地元の名士になること」です。そこでこの章では、この目指すべき「地元の名士」とは、いったいどのようなポジションなのかを説明していきたいと思います。

しかし、その前にみなさんに質問です。「地元」と「名士」、それぞれの意味について正しく理解していますか？

「地元の名士を目指せ」と聞いて、「いま暮らしている場所を離れて、実家に戻らなくちゃ！」などと思っていませんか？　そうした誤解が起こらないよう、最初に「地元」と「名士」について正しく理解しておきましょう。

まず、本書で言うところの「地元」とは何か？

定義するならば「自分が長くいる場所」のことです。しばしば「出身地」と同じ意味で使う人もいますが、地元と出身地は少しばかり意味が異なります。
それぞれの意味を『デジタル大辞泉』(小学館)で調べてみると、

《【地元】1そのことに直接関係ある土地。
2その人が居住している土地。また、その人の勢力範囲である土地。》

《【出身地】その人が生まれた土地。また、育った土地。》

とあります。

出身地は「生まれ育った場所」ですが、地元は「関係ある土地」や「居住している土地」です。ずっと同じ場所で生まれ育ち、そのまま就職して住み続けていれば、そこは出身地であると同時に地元でもあります。しかし、大学進学や就職などの理由で出身地を離れたら、その人の地元は別の場所になるわけです。

そこで本書では、地元を「自分が長くいる場所」と定義しました。長く〝いた〟場所でもいいのですが、第一優先は〝いる〟場所です。なぜ現在進行形で住んでいる場所を勧めるのかというと、第1章でも説明した通り、多くの人はいまいる場所から簡単に離れることができないからです。ならば、いまいる場所を地元として活動していく。それが、最も効果的に静止力を発揮できる方法だと思うのです。

ここでひとつ、私の身近で起きた例を紹介しましょう。

私の地元である豊島区東長崎に、あるふたりの高齢者がいました。仮にAさんとBさんとしておきます。彼らは何十年にもわたって東長崎で暮らしてきた地元の住民で、お互いの家はわずか20メートルという非常に仲の良いご近所さんでした。

ところが、あるときAさんが引っ越すことになりました。引っ越し先は隣駅で、距離にして500メートルほど。しかし、足腰の衰えたふたりにとって、この距離は果てしなく遠いものになったのです。

結局、私が知る限りでは、引っ越し後にAさんとBさんが会ったという話は聞いて

いません。一駅隣に引っ越しただけで、ふたりにとっては今生の別れのような状況になってしまったのです。
ひと言で地元といっても、その行動範囲は年を重ねるごとに狭くなります。いま住んでいる場所が、どれほど重要なのかを痛感させられるエピソードではないでしょうか。

「名士」とは何か？

それでは次に「名士とは何か」について説明しましょう。名士とは「ある分野や業界、社会などにおいて名前を知られていて、重んじられている人」のことです。

同じく『デジタル大辞泉』で意味を調べてみると、

《【名士】世の中に名を知られている人。》

と出ました。

今年4月、財務省が紙幣の一新を発表して話題になりましたよね。2024年度から、1万円札には渋沢栄一、5千円札には津田梅子、千円札には北里柴三郎の肖像画を採用することが決まりましたが、お三方とも各界に多大な功績を残した名士です。

渋沢栄一は、明治維新後に大蔵省に仕えたのち、実業家として手腕を振るいました。第一国立銀行をはじめ、王子製紙、大阪紡績など計500余の会社設立に関与し、日本の資本主義の発展に大きく貢献した「経済界の名士」です。

津田梅子は、満6歳にして岩倉使節団に同行し、日本初の女子留学生としてアメリカに留学しました。帰国後、華族女学校教授や女子高等師範学校（お茶の水女子大学）教授などを歴任したのち、女性の高等教育を目指して女子英学塾（現・津田塾大学）を設立した「教育界の名士」です。

北里柴三郎は、留学先のドイツで細菌学の研究に専念。世界初となる破傷風菌の純粋培養に成功すると、破傷風菌の抗毒素を発見して血清療法を開発しました。帰国後もペスト菌の発見、赤痢やインフルエンザなどの血清開発などに心血を注いだ「医学界の名士」です。

いずれも各界で知られた人物であり、時代でくるならば「近代の名士」とも呼べるでしょう。こうした名声が業界ではなく、地域社会で知られているのが「地元の名士」というわけです。

「地元の名士」とは何か？

では「地元の名士」とは、具体的に何をしている人たちのことを言うのでしょうか。もちろん地元の名士というからには、その土地々々で信頼や尊敬を集めている人物であることは推測できます。ではどのようにして名前が知られたり、信頼や尊敬を集めているのでしょうか。

実は地元の名士といってもピンキリで、名声の広まり具合や役割に応じて、一定のランクのようなものが存在します。というわけで、まずはその「地元の名士ランク表」を見ていただくのが分かりやすいでしょう。あくまで僕の経験によってランク分けしましたので多少のズレはあるかもしれませんが、まぁこんな感じです。

【地元の名士見習い】

※地域住民として暮らしている状態

・その地域に住んでいる
・ご近所さんと挨拶を交わす
・地域のお店や施設に日常的に出入りしている
……など

【地元の名士ランクC（初級）】

※地域住民と交流できる状態

・世間話や井戸端会議に参加できる
・近所からお裾分けや旅行土産などをもらう
・ホームパーティーを開いたり誘われたりする
・商店街を歩くと声を掛けられる
……など

【地元の名士ランクB（中級）】
※地域住民から信用される状態
・地域の活動に誘われる
・お祭りの寄付金を出す
・ソーシャルな立場の指導者を務める（少年スポーツのコーチ、学習塾の講師など）
・独身の場合、縁談を持ち掛けられる
・地域の顔役（既存の名士）を紹介される
・選挙に出ないかと誘われる

……など

【地元の名士ランクA（上級）】
※地域住民から信頼される状態
・地域の問題について相談を受ける
・地域密着の店や会社を長く経営している
・お祭りの寄付金を集める
・地域の役職につく（商店会長、自治会長、PTA会長、青年団長、民生委員など）
・選挙に立候補したら当選する
・地域イベントの出演を依頼されたり、主催したりする
……など

【地元の名士ランクS（特級）】
※地域住民から尊敬される状態

・墓守になる

各ランクについて、簡単に説明していきましょう。

まず【地元の名士見習い】は、その地域住民として暮らしている状態です。そう聞くと、多くの人が名士見習いに該当しそうですが、ポイントはその地域と最低限の関わりを持っているかどうかです。

最低限の関わりとは、たとえばご近所さんとの挨拶が挙げられます。都会の集合住宅では「隣に住んでいる人の顔も知らない」なんて話も聞きますが、近隣の人に顔も知られていないようでは、名士のスタートラインに立つことすらできません。

また、地域のお店や施設を日常的に利用することも大事です。地域密着型の店舗は、しばしばその地域の人間関係に大きな影響力を持っていることがあります。大手チェーンの飲食店やコンビニではなく、地元の店に積極的に通いましょう。

次の【地元の名士ランクC（初級）】は、地域住民と交流ができている状態です。

「ただの顔見知り」から「親しいご近所さん」へと踏み込んだ関係が構築されていて、「あのお店、今日は野菜がすごく安かったよ」「あそこの公園、もう桜が咲いていたんですって」など、その地域ならではの世間話ができるのもこのランクです。

また、ホームパーティーへの参加という、食事を共にする交流のほか、旅行土産やお裾分けなどを渡し合うなどの交流も発生します。

ランクCから交流を深めていくと、地域住民から信用されている状態の【地元の名士ランクB（中級）】になります。お祭りやイベントといった地域の活動に積極的に誘われ、自身もそうした活動に協力的な状態です。そういう人物は将来有望と見なされて、地域の顔役を紹介されたり、独身ならば縁談を持ち掛けられたりすることもあります。市議会選など地元の選挙の出馬を勧められるのもこのランク。実際に立候補するか否か、当選するか否かは別ですが、これは周囲からの期待の表れと言えるでしょう。

さらにランクが上がると、地域住民から信頼されている状態の【地元の名士ランクA（上級）】になります。信用は「信じて用いること」であり、信頼は「信じて頼ること」。使われる側ではなく、使う側になる機会も増え、商店会長や自治会長などの地域の役職につくこともあります。

また、お祭りの寄付金においても、周囲の「この人がお願いすれば、寄付金を払う人も増えるのでは」といった狙いから、支払う側ではなく集める側に回るケースも。顔が広く人望も厚いため、地域の問題が起きた際に相談を持ち掛けられることもしばしば。選挙に出れば当選するなど、押しも押されもせぬトップクラスの名士です。

多くの場合、地元の名士のトップランカーはこのランクAです。

しかし、私が目標に掲げるのは、さらにもう一段階上の【地元の名士ランクS（特級）】。それは、信用や信頼を超えた「この人にならすべてを任せてもいい」という状態であり、果たすべき役割はズバリ「墓守」です。

その地域を守り続けるためには、家・仕事・伝統など、あらゆるものを継承する人物が必要不可欠です。そうした継承者の究極形態ともいえるのが、墓を継ぐことであり、墓守を任される人物こそが最高ランクの名士なのです。

いかがでしょう。こうして見ると、新しくその地域にやって来た人よりも、長くその地域に住んでいる「出身地＝地元」の人にアドバンテージがあることがよく分かるのではないでしょうか。

生まれ育った場所で長く暮らしていれば、老若男女を問わず顔見知りの人は必然的に増えていきます。ごく普通に世間話に参加したり、お裾分けをもらったりといった交流ができているケースは少なくありません。

やっぱり、長くその土地に居続けるということは、それだけで大きな信頼を得られるんですよ。たとえば、私の地元である東長崎には「やきとりキング」という焼き鳥屋さんがありますが、このお店も立派な地元の名士です。

「やきとりキング」は東長崎駅の北口を出てすぐの商店街に店を構える、持ち帰り専

地元の名士ランク表

【名士ランクS（特級）】

地域住民から尊敬される状態

・墓守になる

【名士ランクA（上級）】

地域住民から信頼される状態

・地域の問題について相談を受ける
・地域密着の店や会社を長く経営している
・お祭りの寄付金を集める
・地域の役職につく（商店会長、自治会長、民生委員など）
・選挙に立候補したら当選する
・地域イベントの出演を依頼されたり主催したりする

【名士ランクB（中級）】

地域住民から信用される状態

・地域の活動に誘われる
・お祭りの寄付金を出す
・ソーシャルな立場の指導者を務める
・独身の場合、縁談を持ちかけられる
・地域の顔役（既存の名士）を紹介される
・選挙に出ないかと誘われる

【名士ランクC（初級）】

地域住民と交流できる状態

・世間話や井戸端会議に参加できる
・近所からお裾分けや旅行土産などをもらう
・ホームパーティーを開いたり誘われたりする
・商店街を歩くと声を掛けられる……etc

【名士見習い】

地域住民として暮らしている状態

・その地域に住んでいる
・ご近所さんと挨拶を交わす
・地域のお店や施設に日常的に出入りしている……etc

門店です。何十年もの間、焼き鳥やお弁当を売り続けていて、東長崎に住んでいる人なら誰でも知っていますし、私も親しくさせてもらっています。

そんな地元の有名店だから、東長崎界隈の人に「私、やきとりキングのご主人と仲良しなんですよ」と言うだけで、信用されるんです。たとえ面識のない相手でも「あのやきとりキングと？　へぇ〜、そうなんだ！」と食い付いてくる。

これが静止力の効果なんです。

何十年もそこに存在し続けたということは、トラブルを起こすことなくその地域に受け入れられてきたことの証しです。そんなお店と親しくしているというだけで、相手は自然と私のことも「きっと悪い人ではないはずだ。いや、むしろ信用できる人だろう」と感じてしまうわけなんです。

名士は行動力を伴ってこそ

先ほど挙げたランク表でいうと、「やきとりキング」は紛うことなき名士ランクAですが、同じく政治家も地元の名士の代表的存在です。

彼ら政治家には「鞄」「看板」「地盤」の3つの〝バン〟が必須だといわれていますが、その「地盤」こそが地元の「選挙区」であり、当然ながら地元での活動をとても大切にしています。これは裏を返せば、地元で積極的に活動し、知名度と信頼を得ている人物ならば、選挙に勝てる確率がグッと高くなるということです。

私の友人に、北区の教会で牧師をしている沼田和也さんという方がいます。彼は九州のとある地域の教会に派遣されていた時期があり、そこでお世話になったひとりの市議会議員が実に素晴らしい名士だったそうです。

その議員は元自衛隊の中堅幹部で、退官後に議員になりました。元自衛官というだけでも信頼されそうですが、それ以上に地元での活動が評価されていました。なぜなら、その方は日頃から軽トラックで街中を巡回していて、出会う人々に「何か困ったことはありますか？」と声を掛け、何か頼まれたら迅速に解決へと動いていたからです。

実際、沼田さんも何度か相談していて、「近所の道路に穴が開いているから直してほしい」とお願いすれば、数日後にはきれいに修繕されている。また「高波のときに避難する場所があった方がいい」とお願いすれば、半年後には避難場所が完成している。その行動力には感心するばかりです。

そんな尊敬すべき人物だからこそ、選挙になれば地元住民はこぞって彼に投票するわけです。この人が議員になればちゃんとやってくれるだろう、という期待感から、支持する政党など関係なく、「この人に議員になってほしい！」と票が集まるわけで、これまで何期も続けて当選しているそうです。

郵便制度の普及に尽力した地元の名士

彼らのような地元の名士の特徴は、「人脈や物事のハブ（拠点）になる存在」だということです。信頼されるからこそ人や物が集まる。そこに大きな力が働きます。

このハブとしての機能が大いに活用された例として、郵便制度の普及が挙げられます。近年、インターネットの普及によって郵便の需要は減少の一途をたどっていますが、通信サービスの先駆け的存在である郵便制度は、全国各地に巨大なインフラを築いた一大事業です。そんな巨大インフラの構築に尽力したのが、実は全国各地の名士でした。

そもそも日本の郵便事業は明治4年（1871年）に開始されました。創業当初、政府直轄の郵便役所は東京・京都・大阪の3カ所のみで、東海道の各宿場には民間協力による郵便取扱所が置かれていました。

その後、明治政府は全国の主要都市にも郵便役所を設置しようとしましたが、当時の政府は財政が苦しく思うように進まなかった。そこで政府が頼ったのが、かつての庄屋や名主、つまり地元の名士たちでした。

政府は名士に協力を仰ぎ、彼らの土地と建物の一部を無償提供してもらいました。その代わり、彼らには郵便取扱役という準役人の身分を与え、郵便業務を請け負わせたのです。こうして、全国各地に名士の屋敷を拠点とする郵便取扱所が次々と誕生していき、短期間で郵便制度を普及させることに成功したのです。

時代が変わっても名士の存在価値は変わらない

郵便制度の普及は１５０年近く前の話ですが、地元の名士によるハブの機能は現在も必要とされています。

その理由は、ある組織が何らかの行動を起こしたくとも、末端である個人とのつながりが弱いため、思うように物事が進まないというケースが多々あるからです。そんなときに間を取り持ってくれるのがハブを持つ人物です。つまり、地元の名士は組織と個人をつなぐ中間共同体としての役割も担っているんですね。

たとえば「地元住民による反対運動」のようなトラブル。その地域に火葬場などの忌避施設を建設しようとして、住民の猛反発を喰らうなんて話、よく耳にしますよね。でも、このトラブルの解決において、名士がカギを握っていることがあります。

保育園や児童施設の建設なども良い例でしょう。待機児童問題が叫ばれて久しい昨今ですが、その一方で地元住民が保育園の建設に反対してしまうのです。記憶に新しいところでは、昨年末に南青山で児童施設の建設反対運動が起きた件。表参道の駅から徒歩3分ほどの場所に子ども家庭支援センター、児童相談所、母子生活支援施設が入った複合施設が建てられる予定でしたが、一部で反対運動が起き、テレビや新聞で報道されました。同様のケースは杉並区、中野区、目黒区などでも起きています。

こういったことにならないために、通常は建設するにあたって事業者側も住民に対して説明会を開くわけですが、大事なのは、これよりも先に根回しをしておくこと。その根回しをする相手というのは、地域の顔役たる名士です。

この手のトラブルを避けるためには、あらかじめ役所などを通じて、地域の顔役に話を通しておくものなんですよ。そうすれば、住民が反発したときにも、顔役が事業者と住民の間に入ってなだめてくれます。

「まぁまぁ、気持ちは分かるが、ちょっと落ち着け」

「この事業者はほかにこんな仕事をしていて、大きなトラブルを起こすような業者じゃないんだ」

「想定される問題についても、こんなふうに対応してくれるらしいぞ。だから、ちゃんと話を聞いてやろうじゃないか」

信頼できる人物のフォローがあるだけで、事業者に対する認識は大きく変わってくるものです。

もちろん、顔役さえいればトラブルは起きない！　と言い切ることはできませんし、その顔役自身が率先してトラブルを巻き起こすような厄介なケースだってあります。でも顔役がまともに機能していたら、トラブル発生の際には双方の立場から話を聞き、意見を取りまとめる潤滑油になってくれるはずです。どれだけ時代が移り変わろうとも、社会が人と人との関係で成り立っている以上、ハブとなる名士の存在価値は変わらないのです。

名士にも後継者不足が押し寄せている

さて、地元の名士の役割については何となく理解できたと思います。しかし、彼らの役割を知れば知るほど、次のような不安を抱く人もいるかもしれません。

「果たして、新しくその土地に来たヤツなんかが名士になれるのだろうか？」

地元の名士になれとはいうものの、「やきとりキング」も「元自衛官の市議会議員」も「郵便制度に協力した名士」も、長くその土地に居続けて信頼を勝ち取ってきた人ばかりじゃないか。そんな名士たちを押しのけて、自分が名士の座につくのはハッキり言って不可能ではないのか？

いいえ、そんなことはありません。

第1章を思い出してほしいのですが、この先、日本の人材不足・後継者不足はよりいっそう深刻化するのです。経済産業省の試算によれば、今後10年間で70歳を超える中小企業経営者は約245万人で、2025年ごろまでに約650万人の雇用が失われる可能性があるそうです。

そして、帝国データバンク『全国「後継者不在企業」動向調査（2018年）』によれば、2018年における日本企業の後継者不在率は全国で66・4％に及びます。後継者候補が決まっている企業でも、子どもや親族などに後を継がせる「同族承継」は減少傾向にあり、2016年からの2年間で6・4ポイントも減り、その一方で内部昇格は1・2ポイント、外部招聘0・5ポイント、その他（買収、出向、分社化など）も3・3ポイントとそれぞれ上昇と、第三者である「非同族承継」は増加しています。

つまり、自分の家族に経営を引き継がせたくても、少子化によって断念せざるを得

事業を承継した社長の先代経営者との関係

（就任経緯別、2016～18年）

帝国データバンク全国「後継者不在企業」動向調査（2018年）より

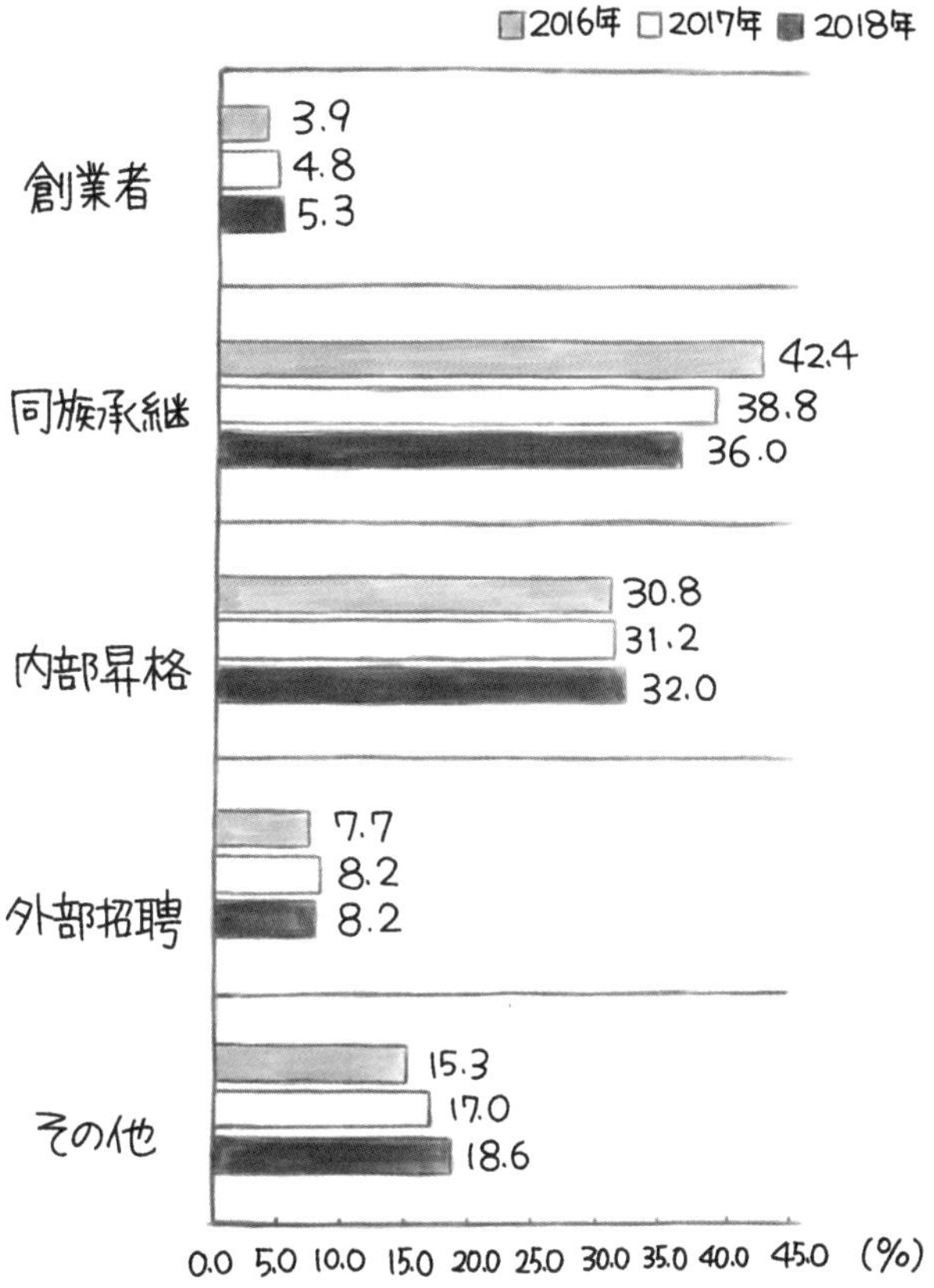

ず、その分だけ家族以外の人にチャンスが訪れているわけです。それでも後継者が見つからず、泣く泣く閉店・廃業する企業や商店も増えています。

この状況は名士の後継者問題においても同じです。名士の座を子どもに譲ることができなくなれば、旧家や名家が何代にもわたって守り続けてきた地元の名士という肩書きを失ってしまう可能性があるのです。

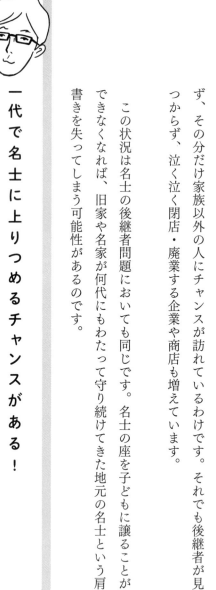

一代で名士に上りつめるチャンスがある！

また、次のようなケースも考えられます。

少子化によって子どもがひとりしかいなかった場合、もしもその子どもが無能だったとしたら、名士の座を守ることができません。

例として、あるビルオーナーの一族を紹介しましょう。

その一族は都内某区に何棟ものビルを所有していて、バー、居酒屋、コンビニ、飲食店など多くの店子を抱える、いわゆる地元の名士です。

そんな名士たる現オーナーの息子が、数年前に区議選に立候補したのですが、なんとまったく票を集められずに落選してしまいました。

さして強力なライバルがいたわけではありませんし、地元住民からも「あのビルのオーナーの息子」と認知されており、無名だったわけでもありません。

では、なぜ落選したのでしょうか。その答えは「名士の息子」という立場にあぐらをかき、住民の信頼を得ていなかったからです。

そもそも彼は、お世辞にも頭が良いとは言えず、選挙演説でも「より良い街にします！」などと抽象的な美辞麗句を繰り返すばかりで、具体的な政策が皆無でした。また、地元に住み続けていながら、周囲への日頃の挨拶や交流をおろそかにしていました。いざ立候補してから、慌てて挨拶回りをしたところで、周囲の評価が上がることはありません。

そして、極め付きは彼の性格です。中学時代、同級生に店子の娘がいたのですが、あろうことか、彼女に対して「お前の店は、ウチが貸してやってるから生活できてるんだ」と上から目線で物申したことがあったそうです。

こうしたセリフは、一度でも吐いてしまったらアウト。地元の名士たるアドバンテージを失うどころか、悪評が広まる始末です。

結果、彼は町内会の後援を受けたにもかかわらず、当選ライン票数に遠く及ばない票数しか獲得できず、惨敗に終わりました。

このように、名士の後継者が先代と同じように名士の座につけるとは限りません。

私は、そこに付け入る隙があると思っています。

旧家や名家でなくとも、必ず一代で名士になれるチャンスがあるんです。

第 3 章

「ここが地元だ」と宣言せよ！

いつでも「いる・ある」が信用される

さて、ここからは具体的に地元の名士になるための方法を紹介していきます。P.42で紹介した名士ランクを上げていき、最高ランクの「墓守」を目指そうぜ！という話なのですが、その前に、必ずやっておくべき重要事項があります。

それは、拠点を決めて「ここが自分の地元だ！」と宣言することです。

第2章でも説明した通り、地元の名士になるためには「その土地に代々住んでいる人物」が圧倒的に有利です。「この人はここから離れないだろう」という安心感が大事。安心感が強まれば信用・信頼が生まれ、さらに信用・信頼が高まった分だけ地元の要職を任される機会が増えていく。これが静止力の強みです。

学校生活だって同じです。転入生にいきなり学級委員長を任せる教師なんていませんよね。新しい学校に早くなじませるため、何かしらの役割を任せることはあるかもしれません。しかし、任せるにしても「保健委員」や「図書委員」など、言い方は悪いけど「まぁ、誰でもいいよね」的なポジションです。

また、部活動にしても、無断でサボりを繰り返すような部員がキャプテンを任されることはありませんし、試合に出るチャンスも少ないでしょう。顧問が実力至上主義で、「才能あるサボり部員」がレギュラーを勝ち取るケースは漫画やアニメではあるかもしれませんが、真面目に練習してきた部員からすれば面白くない。チーム内に信用どころか「不信」が蔓延し、「負けてもいいから、あいつにだけはパス出さねー！」なんてことにもなりかねません。

ほかにも、似たような例はいくらでも挙げられます。

週一しかバイトに入らない人に、バイトリーダーは任せられない。飲み会の出席率が低い人に、幹事は任せたくない。放課後すぐに帰ってしまう人は、遊びに誘いづらい。既読スルーばかりの人に、大事な相談はできない……。

つまり「いる・ある」は頼りやすく、「いない・ない」は頼りにくいんです。

そして当然、この法則は拠点や場所においても当てはまります。

挨拶も交わさないような隣人をホームパーティーには呼ばないし、転勤族の家庭に自治会長を任せるわけがない。その土地で重要な役割を任せられるのは、いなくならない人です。

だからこそ、まずは「俺はここが拠点だ。この地域から離れることはない。ここで生活していくんだ」と宣言し、周知させることが重要なんです。

少子化・過疎化の中で静止する若者は貴重だ

ホリエモンの多動力は、こうした拠点や定住を放棄する考え方です。彼に言わせれば、人が家や土地に縛られるのは農耕生活の名残であり、現代においては家なんてものは不要だそうです。

しかし、1章でも説明した通り、多動で生き続けるのは非常に難しい。そもそも誰もが多動できるわけではなく、できたとしても家族や共同体全員が移動可能な期間はあまりにも短いんです。だからこそ、地元を守る必要があり、地元で踏ん張る若い人材が必要なんです。

健康な成人は、子どもや高齢者、病人などにリソースを割かなくてはいけないはずです。なのに、若者たちが自由に多動していたら、地方が荒廃するのは必至で、現にそういう状況に陥っているわけじゃないですか。

総務省『平成29年度版 過疎対策の現況』によれば、日本の総面積377,971㎢のうち、約6割に当たる225,468㎢が過疎で、市町村総数割合でも全国

1719の市町村のうち47・5％に当たる817が過疎とされています。実に日本の半分の地域が過疎に直面していますが、中でも島根県は深刻で、P.69のグラフを見ても分かるとおり、市町村割合では100％過疎なんですよ。県庁所在地である松江市でさえも過疎なんですよね。大阪府や神奈川県と比べると、歴然とした差があることが分かります。

けれども、こうした過疎化に悩む地域では、さまざまな施策で定住促進を図っています。

たとえば、広島県神石郡にある神石高原町は、2019年3月、若いファミリー世帯に向けて、子どもがいることを条件に宅地を「1坪8円」で販売すると発表し、大手メディアでも取り上げられました。販売予定の宅地は72坪（約238平米）が3区画、125坪（約413平米）が2区画で、1区画当たりの価格は、なんと前者が576円、後者が1000円。タダ同然で土地を販売しないと、過疎地域に人を呼べないほど深刻なんです。

都道府県別市町村数・人口・面積における過疎割合トップ5、ワースト5

総務省「過疎対策の現況」平成29年度版を参考に改題

（単位：％）

順位	市町村数割合		人口割合		面積割合	
1	島根県	100.0	秋田県	66.4	秋田県	92.3
2	鹿児島県	95.3	島根県	47.3	大分県	87.4
3	秋田県	92.0	大分県	39.0	島根県	85.4
4	大分県	88.9	岩手県	38.0	高知県	79.6
5	愛媛県	85.0	鹿児島県	36.5	北海道	78.4
43	滋賀県	10.5	滋賀県	0.4	埼玉県	14.8
44	愛知県	9.3	埼玉県	0.2	千葉県	12.7
45	埼玉県	6.3	東京都	0.2	滋賀県	8.3
46	神奈川県	3.0	神奈川県	0.1	大阪府	2.0
47	大阪府	2.3	大阪府	0.1	神奈川県	0.3

市町村数は平成30年4月1日現在であり、過疎地域の市町村数は過疎関係市町村数による。また人口及び面積は平成27年国勢調査による。

一方で、次のようなデータもあります。

リクルートキャリア就職みらい研究所『就職プロセス調査』（2019年2月21日リリース）によれば、地方を離れて一都三県に居住する学生のうち、「地元で働きたくない」と回答した学生は27・8％（「働きたい」42・1％、「どちらともいえない」30・0％）で、「地元で働くことに不安がある」と回答した学生は56・8％（「不安はない」32・6％、「どちらともいえない」10・6％）でした。

同調査の「地元」とは「帰省先」のことであり、本書で言うところの「出身地」や実家がある場所のことです。

地方を出て上京した学生のうち、実に3割近くがUターン就職を拒み、6割近くがUターン就職に不安を抱いているのが現状です。

こうした状況下で、「俺はこの場所を離れない！　死ぬまで住み続けるぞ！」と宣言する若者が、いかに貴重か分かるでしょう。

大学生のUターン就職に対する意識

※帰省先が一都三県以外の学生が対象

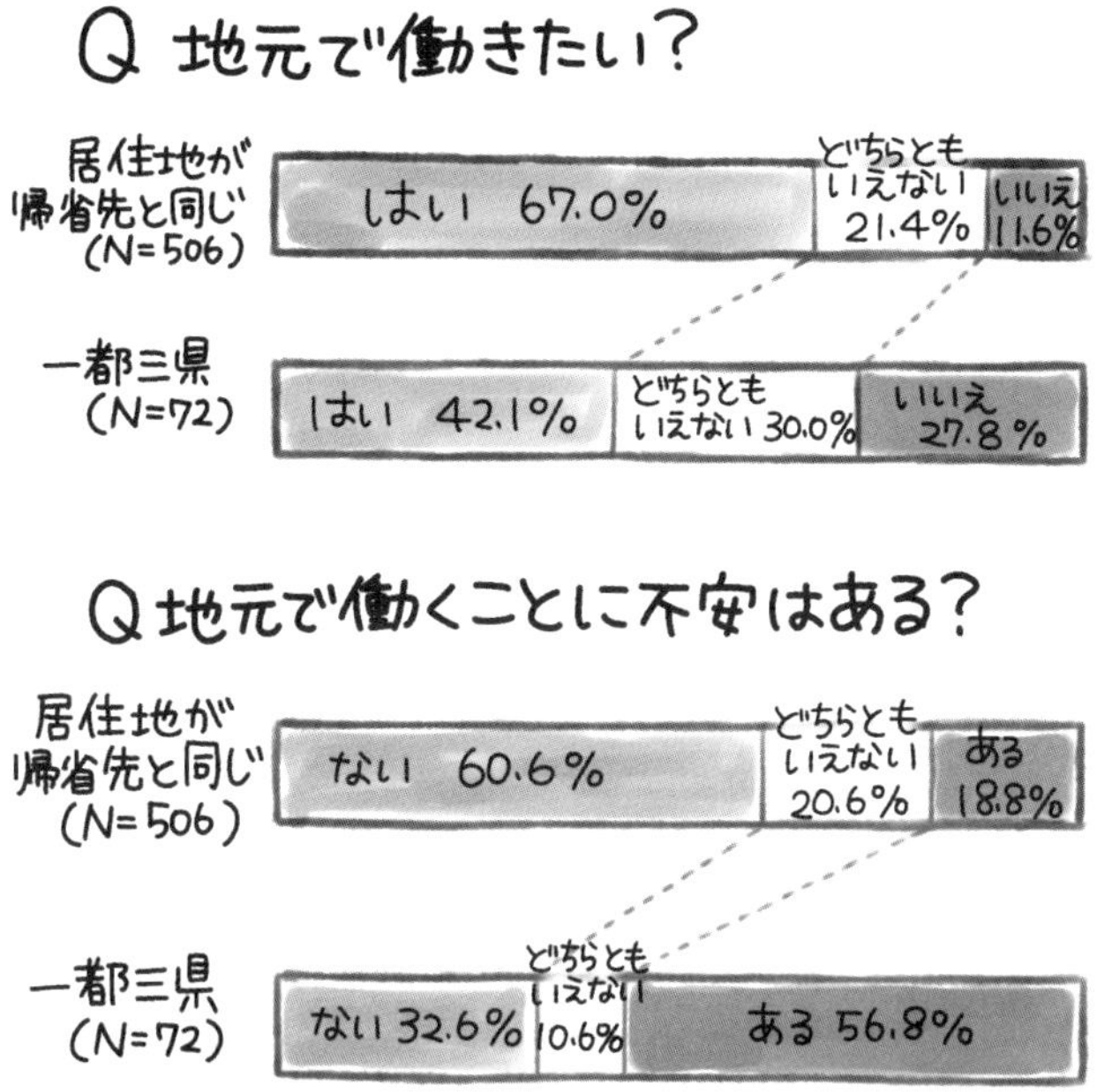

リクルートキャリア就職みらい研究所「就職プロセス調査」

多動ブームの申し子⁉「アドレスホッパー」

ホリエモンのようなタイプは、よく言えば特別ですが、悪く言えばエラーのような存在です。そんなエラーの影響を色濃く受けてしまったのか、最近は「アドレスホッパー」なる生き方が注目を集めています。

アドレスホッパーとは、「アドレス（住所）」と「ホップ（動き回る）」を組み合わせた造語で、ひとつの場所に定住せず、転々と移動しながら仕事をするスタイルの人々のことです。

彼らは、住民票を実家やシェアオフィスなどに移し、トランク1個分程度の小さな荷物を抱え、知人の家やネットカフェ、民泊などを利用して仕事をし、その仕事が終わったらまた別の場所へと移動します。

こうすることで居住にかかるお金を徹底して節約しているわけですが、ミニマリズムやノマドワークといった近年流行のライフスタイルを経て誕生した、新たな「多動の申し子」といえるのではないでしょうか。

このアドレスホッパーは、2019年に入ってからテレビや雑誌、WEBメディアなど多くの媒体で紹介されるようになり、多動ブームに拍車をかけそうな勢いです。

確かにアドレスホッパーは身軽に動けます。しかし、彼らがそれをできるのも、各地に拠点を持つ静止の人々や施設が存在するおかげです。すべての日本人がアドレスホッパーになったら、泊めてくれる人も宿泊施設もなくなっちゃいますからね。

別に、彼らの生き方を否定するつもりはまったくありません。この本は「こんな社会じゃいかん!」とか「いまの若者はなってない!」みたいな説教本じゃないんですよ。むしろ、多動ブームに乗る若者が多いなら、それは私にとって大きなチャンスとさえ感じています。

だって、その分だけ静止力の価値が高まるんですから。

「人や物が集まる環境」の重要性

静止力の価値は、その恩恵に触れたときに実感するケースも多いかと思います。
たとえば、地方から出てきた上京組が帰省したときのこと。
仕事が忙しくて、帰省するのは年に1~2回程度。そんな生活が何年も続くと、たまの帰省時にふと気がつくんです。

「あれ、なんか街並みが変わっていて寂しいな」と。

子どもの頃に通っていた駄菓子屋がつぶれていた。初デートで行った映画館が駐車場になっていた。草が生い茂っていた河川敷が舗装されていた。商店街がシャッター街になっていた……などなど、思い出の場所がなくなり、故郷が見慣れぬ姿へと変わってしまうのは、何とも言えない寂しさがあります。

しかし、そんな中でも昔と変わらずにたたずむ、なじみの店がひとつでも見つかれば、「おいマジか、まだあったのか！」とテンションが上がったりするものです。思わず立ち寄り、たとえ店主が代替わりしていたとしても、「昔、よく来たんですよ！」などと話しかけてしまうかもしれません。

こうした「いつまでも変わらない存在」の価値は、お店などの建物だけでなく、人もまた同様です。高校卒業後、自分を含め多くの仲間が上京するなかで「故郷に残った友人」も良い例といえるでしょう。

帰省の際、故郷に残った友人を中心に、仲間たちが集まるという機会は少なくありません。このとき、故郷の友人は「高校時代の仲間」という共同体をつなぐ拠点のような役割を果たしていることになります。

「人や物が集まる環境」は、地元の名士を目指す上で強力な武器です。2章でもお話しした「人脈や物事のハブ（拠点）」ってヤツです。いつまでも変わることなく存在するからこそ、多くの人が心を許して足を運ぶのです。

つまり、「ここが地元だ！」と宣言する行為は、自分の拠点を人や物が集まる環境へと昇華させるための第一歩なんです。ハブとなる人物が、長年親しまれて地元で「アイコン化」しているお店で同窓会を開催する、なんて話はよくありますけれど、まさにこれなんです。

拠点選びは〝ちょっとした縁〟で決めてしまえ

地元や拠点は、自分が骨を埋めることとなる重要な場所です。いったい、どのような基準で選べばいいのでしょうか。

私としては〝ちょっとした縁〟で決めてしまっていいと思うんです。出身地と地元が同じで、昔からずっと住み続けている人はそのままでいいし、そうでない人は住み慣れたいまの居住地でいい。頻繁に移動しないことの方が重要なので、「この街が大嫌いで、すぐにでも出て行きたい！」みたいな人でない限り、土地感のある現在の地元を拠点に選べばいいんじゃないかと思います。

私が東長崎駅を拠点に選んだ理由も「長く暮らしている場所だから」です。土地感もあるし、昔からの知人・友人も多い。だから「実家までチャリで移動できる範囲にしておこうかな」程度の気持ちで、東長崎駅の南側、南長崎という地域に事務所を構えました。

そして現在、自分が関わっている仕事のほとんどを、この拠点を中心とした周辺エリアで行っています。私が2代目塾長を務めた学習塾は隣駅の椎名町にあり、私が創業したリサイクルショップやイベントバー「エデン」も徒歩圏内の要町駅にあります。

また、付き合いのある事務所や会社も多く、すべてが自転車で移動できる範囲内です。実は、本書の出版社であるベストセラーズさんも、要町に本社があります。もともと山手線の大塚駅南口にあった会社ですが、いろいろあって2018年の秋にこちらに移転してきました。そこから縁あってつながることができ、こうして本を、しかも3冊同時に出版することになったのですから、何か運命的なものを感じてしまいます。

このように、自分の職場も仕事相手も拠点周辺に集中しているため、打ち合わせならば最大で一日7件くらい、すべて私が出向いて行うことも可能です。

「打ち合わせなんてSkypeでいいじゃん」と思ったアナタは大間違い。地元の名士を目指すなら、人と直接会っての交流を重視した方がいいですよ。そうでなくとも、直接会ったときの空気感や身振り手振りが意味を持つことが多々あります。

もちろん、私もネットを介して連絡を取り合うことは多いです。でも、両方のコミュニケーションを体験しているからこそ、直接会うことの大切さを文字通り肌で感じているのです。

地元宣言したエモい若者
～「しょぼい喫茶店」店長の場合～

ここで実際に「地元宣言」をしたひとりの青年を紹介しましょう。

池田達也という24歳の男性で、私たちの仲間内からは「きっと彼は大物になるんじゃないか!?」と将来を嘱望されている人物です。

彼の名前にピンと来なくとも、「しょぼい喫茶店」の店長「えもいてんちょう（えもてん）」と聞けば、分かる人もいるのではないでしょうか。

えもてん氏は2018年3月、東京・新井薬師に「しょぼい喫茶店」という店名の喫茶店をオープンしたのですが、その一連のストーリーがとにかく〝エモい（エモーショナルな様）〟んです。そのあまりのエモさから名編集者の北尾修一氏の目に留まり、今年4月に百万年書房から『しょぼい喫茶店の本』を出版しました。

いったい、どのようなエモさなのか。百万年書房のホームページに掲載されている要約を引用しましょう。

《就活に失敗した大学生が、人生に行き詰まる→「しょぼい喫茶店」をやりたいとブログに綴る→『しょぼい起業で生きていく』著者・えらいてんちょうに発見され、ブログがSNSで話題に→見ず知らずの人から100万円もらう→ここまでの展開に感動した女性が「手伝いたい」と鹿児島から上京→ふたりで「しょぼい喫茶店」（という名前の喫茶店）をオープン→紆余曲折ありつつ、そしてふたりは結婚。という超絶ウソっぽいですが実話、のお話です。》

当時、私は偶然にも彼のブログ「喫茶店をやってみる」を読み、その内容に興味を抱きました。というのも、彼の「仲間たちのたまり場を目的としたスペースをつくりたい。そして、どうせスペースをつくるなら喫茶店もやる」とのスタンスは、私がイベントバーを開業するときの考え方と同じだったからです。要するに、彼の考え方に共感したんです。

その後、Ｔｗｉｔｔｅｒで彼のツイートをリツイートしたことがきっかけとなり、あれよあれよと話が進み、わずか2カ月という信じられない短期間で「しょぼい喫茶店」がオープンすることになりました。

具体的な経緯については、彼のブログや書籍を確認してみてください。飾ることなく本心をつづっていく文章は、かなり読み応えがあります。個人的には、映画化とかされた日には、大ヒットするんじゃないかと思うんですよ。

さて、話を戻しましょう。

このえもてん氏、実家は長野ですが、店を構えた新井薬師に「住み続ける！」と宣言しています。俺は「しょぼい喫茶店」を守り抜く。妻と、いずれ生まれてくる子どもたちのために、この喫茶店を維持するんだ、と決意表明している。著書のP.１８６にある《だから僕たちは、今日もしょぼい喫茶店でお客さんを待っている。》という一文がすごく印象的ですが、この強い気持ちが重要なんです。

「しょぼい喫茶店」は、まだオープンして1年ちょっとが経過したばかりですが、SNSをきっかけに動き出したことで、営業期間に反して認知度が高いお店だと思います。また、これまで何度も大手メディアに取り上げられたほか、書籍化も相まって、今後はさらに認知度を高めるでしょう。

不思議なことに、お店の認知度が高まると、しばしば人は「昔からあるお店だ」と錯覚する傾向が見られます。すでに「しょぼい喫茶店」も、ある程度長く営業を続けているお店だと勘違いされることがあるそうです。

地元宣言も大切ですが、その宣言をいかに周知させるかも大切です。ましてや拠点がお店ならば、なおのことです。近い将来「しょぼい喫茶店」は、東長崎の「やきとりキング」のような名士ポジションを築いているかもしれない。えもてん氏の決意から、そんな期待を抱いてしまうのです。

ネットの活用で認知スピードは大きく変わる

「しょぼい喫茶店」はＳＮＳを通じて広まりました。このため、地元の住民でないお客さんも多く訪れているそうです。無名の青年が開業した店舗としては、十分すぎる認知度ではないでしょうか。

名士とは、その社会・分野において広く知られた存在です。かつて、その名が広まるまでに長い時間が必要でしたが、ＳＮＳが普及した現在、認知スピードは高速化しています。オープン1年の「しょぼい喫茶店」を、昔からあるお店だと錯覚するケースも、認知スピードの高速化が大きく影響しています。

つまり、ネットをうまく活用して認知スピードを速めれば、一代にして名士の座を築くチャンスが膨らむわけです。

ただし、ネットでは良い噂も悪い噂もあっという間に広まるため、成功するのも凋落するのも早い。これに気をつけなくてはいけません。

一例として、とある起業家M氏の話をしましょう。

M氏は、某オンラインサロンを共同で主宰していましたが、共同主宰者はその界隈では知らない人はいないというほどの有名ブロガーたちでした。一方、M氏自身はというと、1年前まで無名といっても過言ではないような人物です。実際に彼のTwitterを見ると、1年前は1リツイートもされていないのです。

つまり彼は、わずか1年の間で「なんかTwitter上のすごい人」という認識が広まり、有名ブロガーたちと一緒に仕事する立場に上り詰めたわけです。

そんなM氏のことを気になって調べてみたら、どうも彼のプロフィールが怪しい。

ありていに言えば、「コイツ、経歴詐称してないか？」って話です。それをネット上で指摘したところ、ちょっとした騒動が起こり、結果としてM氏はオンラインサロンを脱退。Twitterの投稿も終了する羽目になってしまいました。

これって、ジェットコースターのような成功と凋落だと思いませんか？　決して否定的な意味で紹介しているわけではありません。M氏がネット上で名前を広める方法に関しては肯定的に捉えている部分も多いです。

たとえば、彼は著名人とトークショーを開催するなど、実績をアピールしています。すると、周囲は「あの人と仕事をしたということは、この人もすごい人なのかな」と思わせることができ、新たに人が集まってくるんです。

これは、2章で紹介した「私、やきとりキングのご主人と親しいんですよ」と言うだけで信用されるのと同じ理屈です。

ほかにも、彼について調べていたら、周囲から「あの人を攻撃するの？　すごいところを攻めますね」と驚かれました。この反応こそ、M氏のネット上の名士性を表しているなと感じました。短期間で名士性を獲得したその手腕は、見習うべき点も多いのではないでしょうか。

第 4 章

地元に
溶け込む方法

地元に溶け込みたければ、とりあえず半年ＲＯＭれ！

意を決して「俺はここに住み続けるぞ！」と宣言したところで、その熱意が地元の人たちに伝わらなければ意味がありません。ただ長く住んでいるだけで名士になれるなら、誰も苦労しませんからね。いかにＳＮＳを駆使して認知スピードを上げたとしても同様です。

大切なのは、地元宣言とともにその地域で暮らす人々と交流し、地元に溶け込む環境を整えていくことです。

もちろん、突然やってきたよそ者が、そう簡単に受け入れられるのか？　と疑問を抱く人もいるでしょう。

確かに、村社会の閉塞感を嘆く話はよく聞きます。外からやって来た人が、一挙手一投足、近所の目にさらされ、地元のしきたりに従って暮らさなくてはいけないんですから。こうしたストレスから精神を病んでしまう人もいるでしょう。まぁ、人には向き不向きがありますので、どうしても適応できなければ逃げちゃえばいいんです。

しかし、村社会が閉塞的だということは、裏を返せば、その分だけ内輪の結束が強いということです。これって、いびつな地元愛なんですよ。私は十分にハックできる問題だと思っています。

そもそも、よそ者を排除しようとする理由は、彼らが共同体として弱いからです。弱いからこそ、外敵から身を守らなければ共同体を守れないと考える。だから、彼らがどのような理由でよそ者を外敵と認定し、どのようなルールで共同体を守っているのか？　ちゃんと理解した上で交流を重ねていけば、いつしか、その強い結束を持つ共同体に仲間入りできるはずなんです。

では仮に、「ここに住み続ける」と決意したうえで、その地域や共同体の特徴を理解するためには具体的に何をすればいいのか？

答えは「とりあえず半年ROMれ！」です。

「ROM」とは「Read Only Member」を略したネットスラングです。インターネット掲示板などで、書き込みはせず、ただ読むだけの利用者を指します。「ROMる」は、この動詞バージョンですね。

2ちゃんねる（現5ちゃんねる）などで的外れな意見や空気の読めない書き込みをすると、しばしばスレ住民から「半年ROMってろ」などと怒られることがあります。

同じ2ちゃんねるの掲示板でも、ジャンルによって雰囲気はさまざまです。専門の掲示板ごとに、独自のローカルルールや暗黙の了解が設けられているケースも少なくありません。たとえば、いまやネット用語として定番となった「（笑）」を意味する「w」も、書き込みを禁止しているところがあります。また、長文の書き込みが敬遠されたり、特定の有名人や企業の名前を出すことをタブーとするところもあります。

こうしたルールを知らずに書き込むと、初心者やよそ者などと見なされ、顰蹙（ひんしゅく）を買ってしまう。そうならないために、要はそのスレッドを全部見直してから来い、ということです。とりあえず掲示板の雰囲気を理解しろ、書き込むのはそれからだ、と。これは2ちゃんねるに限った話ではありません。丁寧語でやりとりされている掲示板に、新参者がネットスラング混じりのフランクな文体で書き込んだら「失礼な人だ」という印象を与えてしまいます。

ほかにも、Ｔｗｉｔｔｅｒの「ＦＦ外から失礼します」や、ＬＩＮＥのグループで「既読スルーしたらハブられた」など、端から見れば「くだらない」と感じるようなことでも、そのコミュニティーでは重要視されるルールが存在するわけです。だから、排除されないように、受け入れてもらえるように、その掲示板やＳＮＳをＲＯＭって空気を読むんです。

同様に、その地域に溶け込みたいなら「半年ＲＯＭってろ」なんですよ。

広島でお好み焼きを「〝広島風〟お好み焼き」と呼んだり、山梨で富士山を「裏富士」と呼んだりしたら、現地在住の友人に怒られた……なんてエピソードをよく聞くじゃないですか。これらは有名な地域の特徴ですが、小さなコミュニティーに入れば、その分だけマイナーなタブーが潜んでいます。

同じ人間なんだから、価値観が違っていたとしても、なぜ違うのかという理由があるんです。一見、理解しがたいしきたりでも、その土地ならではの文化や風習に基づいていていたりします。そうした部分を、半年間、じっくりと観察して見極めることが大切なんですよね。ネット掲示板におけるROMれは「知らねーやつが気安く書き込んでんじゃねーよ！」ですが、地域におけるROMれも「まずは地域を観察しろ」であり、言外に「出しゃばるな」「黙れ」の意味を含んでいます。

そうはいっても、何もせずに家に引きこもっていたら意味がない。街を散策して雰囲気や空気感をつかむための情報収集に徹する必要がありますが、ここでオススメなのが地元の店で買い物することです。物を買うという行為は誰にでも開放されているので、空気感が分からなくてもできますからね。

優先する店は、大手チェーンやデパートではなく、地域に根差した個人店や商店街です。最初のうちは顔を覚えてもらうことに徹し、余計な会話を控えて、おとなしく買い物を続けます。そんな生活を繰り返していけば、いずれは店主から「よく来るね」や「この辺に住んでるの？」などと話し掛けられるイベントが発生するものです。これは、ちょっとしたクローズドサロンのお誘いであり、そこから少しずつ交流を深めていけばいいわけです。

人と会うための上手な口実を探せ！

ROMっている半年間、地域の観察と平行してご近所付き合いも行いましょう。

都会ではお隣さんの顔も知らないなどといわれますが、地方も意外と似たようなものです。親しい人を除けば、それほど頻繁に挨拶を交わすような関係性は築かれていません。つまり、新参者が介入する余地は十分に残されているのです。

ただし、このときひとつ気をつけておきたいのが「身だしなみ」です。やっぱり第一印象は大事で、その後も顔を合わせるわけですから、第二印象・第三印象においてもマイナスイメージを与えないようにしたいものです。

見慣れぬ男が、無精ヒゲを生やしてルーズな格好で平日昼間に徘徊していたら、へタすりゃ不審者認定からの通報案件です。相手を不快にさせないよう、日頃から最低限の身だしなみを心掛けておきましょう。

地域密着型の店を攻略するのと同様に、ご近所付き合いもROMる姿勢が大切です。顔も知らない隣人が、突然チャイムを鳴らし、「煮物つくりすぎちゃったんで、お裾分けに来ました」とか怖いでしょ？　受け取ったはいいものの、面識のない隣人の手料理なんて食べたくない……と思う人も多いはずです。

張り切りすぎて距離感を詰めようとしたら、必ず空回りします。まずは常識的な格好で常識的な社交をする。この積み重ねによって特殊性が生まれ、そこから交流を深めていけばいいんです。

ご近所付き合いにおけるポイントは、いかにして「挨拶や会話する口実」をつくるかです。口実は、あくまでも自然な口実であること。いきなりチャイムを押して「煮物つくりました！」は、口実としては不自然すぎますよね。

人に「負債感」を与えた分だけ、あなたは「特別な人」になっていく

では、自然な口実とはどのようなものなのか。最たる例は「引っ越しの挨拶」です。「新しく引っ越してきました。こちら、つまらないものですが……」なんて、こ

れ以上ないほど自然に挨拶できるチャンスです。

ほかにも、お中元やお歳暮も絶好のチャンス。最近は、若い世代どころか、中高年の間でもお中元やお歳暮の文化が薄れつつあります。でも、だからこそチャンスなんです。「煮物つくりました」よりも、はるかに自然な口実です。

賃貸ならば、ぜひとも大家さんには贈りたいところです。お分かりでしょうが、大家さんも地元の名士のひとりです。少なくとも、その集合住宅における重要人物ですからね。さらに言えば、大家さんは地元の不動産屋とつながっている可能性が高い。その先の縁を考慮すれば、恩を売っておいて損はありません。

「恩を売る」とは、言い換えると「心理的負債感を与える」です。

たとえば、選挙活動において利益供与は違法ですが、どうやって票を集めるかというと、やっぱり利益供与しかないんですよ。「この人に投票しても良いかな」という利益を、現金以外で、いかにして違法にならないように利益供与できるか、です。

このとき、合法の利益供与となるのが、いわゆる心理的負債感を与えることです。

各地を遊説し、集まってくれた人たちに挨拶しながら笑顔で握手する。また、公職選挙法によれば、お茶菓子を出すのはセーフですが、大量に配りすぎると利益供与と見なされてしまいます。だから、ギリギリのラインを見極めてお茶菓子を出す。「笑顔の挨拶」や「お茶菓子」を受け取った有権者は、少なからず負債感を抱きます。そして、積み重なった負債感が一定の量に達すると「あの人には借りがあるから」と投票に至るわけです。

選挙において利益供与が禁止されているのは、有権者に与える負債感が大きいからら。つまり、それだけ効果が高いと判断されているからです。

ということは、公職選挙法とは無関係の我々は、いろんな人に負債感を与えまくればいいわけです。多くの人は、負債感を与えられたら、何かしらの方法で返済しようと考えます。だから、恩を売り、貸しを与え、負債感を抱かせた分だけ、与えた側は「特別な人物」になっていくのです。

2章でも紹介した牧師の沼田さんの話ですが、彼が地方の教会にいたとき、よく近所のお店のトラックが教会の前に駐車していたそうです。

迷惑駐車は近隣トラブルにも発展しかねない行為です。ところが、このお店の人は年に2回、必ず沼田さんに「とらやの羊羹」を持って挨拶に訪れていました。こうなると、心象は大きく変わります。無断駐車に腹を立てるどころか、むしろ沼田さんの方から「いつもお疲れさまです」と相手を思いやる言葉を掛けるようになったというのです。

これは、お店の人が沼田さんに負債感を与えた結果といえるでしょう。

沼田さんとしては、ひと声掛けてくれれば駐車も許可もするというスタンスでした。しかし、とらやの羊羹が加わることによって「いやいや、そんな気を使わなくていいのに。なんかこちらの方こそすみません」という負債感に変わったわけです。

ですから、もしみなさんがご近所さんに挨拶をするときには、こちらから先に笑顔で挨拶してみてはいかがでしょう。それだけで「いつもあの人の方から声を掛けてくれる」と感じさせることができる。これも、ささやかながらも立派な負債感です。

なお、過剰な負債感は逆効果で、かえって相手に負担を感じさせてしまう恐れがあります。何かを贈るにしても、相手との距離感をはかりつつ、「旅行土産の安価なお菓子」や「実家から届いた果物を少しだけお裾分け」など、抵抗感を覚えない範囲で実行しましょう。

地域の集まりに参加して「地元の孫」になれ！

人と会う自然な口実として「地域の集まり」も大いに利用したいところです。

町内会の会議、防災訓練、バザー、ゴミ拾い、公民館で行われる各種レクリエーションなど、毎週のようにさまざまな地域活動が開催されています。

以前、私は地元の町内会会議に出席したことがあります。参加費2000円が必要なんですが、これがもう、まったく人が集まらないんです。若者の参加なんてなおのことですから、20代後半の私は余裕の最年少でした。でも、これも周囲の若者を出し抜いて交流を深めるチャンスです。


このような集まりのあと、しばしば大人たちが飲み会を開きますが、これもビッグチャンス。「共食（きょうしょく）」は相手との距離を縮める貴重な機会です。

最近では、会社の飲み会を断る若手社員が増えているそうですが、静止力の観点から語れば、一緒に食卓を囲めないような人間はそのコミュニティーからパージされちゃうんですよ。面倒くさい上司の相手をするのがイヤだっていう気持ちはすごくよく分かりますけれど、そこから思わぬ味方が生まれたりもしますし、できる限り参加した方がいいと思うんですよね。常日頃から「いまの会社にずっといるワケじゃねーし！」とか言っているような人には、社内で味方になってくれる人は絶対にできませんからね。

だから地域の飲み会にしても、試しに参加してお酌のひとつでもしてみてくださ い。意味のない飲み会に出たくない？　いやいや、意味のない飲み会に出席する若者は、メチャメチャかわいがられますよ？　さらにお酌のひとつでもすれば、その効果ははかりしれません。新参の若者が地元のオッサンにお酌する。これは立派な負債感の貸与ですからね。

若者が一代で地元の名士になるには、まずは「地元の孫」を目指すといいでしょう。地元にとどまり続ける貴重な若者は、少子高齢化と後継者不足に悩む地域において、それはそれはかわいい孫として扱われます。

私が住んでいるアパートには、子どもがいない老夫婦が暮らしています。

引っ越し時に挨拶してからというもの、この老夫婦が私たち家族をメチャメチャかわいがってくれるんです。事あるごとに「お小遣いだよ」と1万円をくれるし、食べ物も分けてくれる。クリスマスシーズンにも「子どもに何か買ってあげて」と、これまた1万円を手渡してくる。

いったい、あの老夫婦はどれだけ私に負債を与えれば気が済むんだ！　というレベルです。なので、もしも彼らに何かあったら、そりゃもう必ず私が力になりますよ。でも、それだけ彼らにとっては、同じアパートに住む若者との交流がうれしいわけなんです。こんな出来事が、過疎地域でもない東京都豊島区で実際に起きているんですね。

親交を深めれば有事のときに助けてくれる

ちなみに、私がご近所さんとしっかり交流しているのは、「いざというときに守ってくれるかも」的な打算もあります。

日頃からご近所さんと良好な関係を築いていれば「待って、彼はいい人なのよ！」とフォローしてくれるかもしれないな、という打算です。

何か事件が起きたとき、容疑者の近隣住民が「挨拶をしても無言だし、いつも暗いイメージで……」なんていうインタビュー映像がワイドショーで流れたりするじゃないですか。これを見た視聴者は、容疑者をまったく知らないのに「ああ、そういう人なのか」と納得してしまうじゃないですか。

だけど仲良くしておけば、近隣住民が味方になってくれる可能性も高い。まぁ、凶悪犯罪などはフォローしようがありませんが、地域でささいなトラブルがあったときなどは、「いやいや、彼はそんなことするような人じゃないよ」と助けてくれるかもしれない。

名士という頼られる人物を目指す上で、人々と良好な関係を築いていけば、いざというとき逆に周囲を頼ることができるわけです。

自治会費や商店会費を支払うメリット

新しくその地に引っ越してきたものの、地域に溶け込むつもりはまったくない。そんな考えの人も珍しくはありません。

新興住宅地の新参組と地元住民の関係が希薄で、特に交流もないまま険悪になっていくといった話も耳にします。しかも、「あの子は地元の子だから、あまり仲良くしたらダメよ」なんて親が言ったりして、子ども世代にも溝が生じてしまったら目も当てられません。

新興住宅組にひとりでも調整役がいれば、こんな問題に発展しないんですよ。「いやいや、僕ら若くて不勉強なんで、何にも分からないんですよ。申し訳ないんですが、いろいろ教えてください」と、地元の人たちと交流していけば、どうにでもなるんですけどね。

中には「自治会費もお祭りの寄付も払いません。行事には一切参加しないので、どうぞお構いなく」と突っぱねる人もいるというから、私としては心からもったいないなと思うのです。

「金の切れ目が縁の切れ目」と言いますが、裏を返せば「金が切れなければ、縁も切れない」わけです。

たとえば、私は地元の商店街で学習塾の塾長を務めていましたが、商店会に加入していたため、毎月2000円の会費を支払っていました。代わりに開店祝い金で5000円を貰い、年一回の親睦会で焼肉をご馳走になる。それでも余りますから、うちの商店会には1000万円くらいのお金がプールされていたと思います。

この話を聞いて「なんか損じゃない？ 自分だったら、商店街に店を出しても商店会には加入しないわ」と思う人も絶対にいるでしょう。

しかし、そういうことじゃない。会費の支払いはモノの購入とは別物で、2000円払ったら、2000円分のサービスがあるとかの話ではない。コミュニティーは、あくまでも相互自治であって、自治体にしても商店会にしても、その団体の長がもうけているという話ではないんです。

商店街に設置される街灯にしても、すべてが補助金で賄えるわけではない。商店街という機能上、街灯は多い方がいいので、その分は商店会費で設置しています。だから単純なお金の損得で考えず、商店街という〝桝席〟にお金を払っているんだと思えばいいんです。

会費を集める立場の商店会長にしても、手間が掛かるし面倒だし、やりたがらない人がほとんどです。

でも、誰もやりたくないからこそ、地元の名士がその役目を背負うわけです。

人が嫌がる仕事を引き受けた商店会長の店は、まず潰れることがない。というのも、商店会長だからです。「誰もやりたがらない役目を引き受けてくれた人だから、いざとなったらみんなで助ける」という精神が働くのです。

逆に、月2000円の商店会費をケチるような店はつぶれる可能性が高いですよ。地域密着型の店で、率先して地域との交流を拒否しているのですから。

ちなみに、南長崎の共栄会という商店会では、ネパール人の男性が会長を務めています。来日して17年ほどだと思いますが、商店会に加入し、真面目に頑張って周囲の信頼を得てきた人物です。だから、彼の店もきっとつぶれることはないでしょう。そんな男の店をつぶすわけにはいきませんからね。

地域に根差したお店は、単純な合理主義ではやっていけません。義理人情にも大きく支えられているんです。

あと、会費の徴収は「毎月手渡し」で行うのが理想です。なぜなら、地元の人と会う口実になるからです。毎月、顔役である商店会長と直接会って、情報交換ができるわけですよ。

理由をつけて人に会うってホント大事。たとえば、日本共産党の党員会費は毎月現金払いです。政党としての好き嫌いはさておき、毎月、党員同士が直接顔を合わせる機会を設け、結束を強めるというシステムは素晴らしいと思います。

最近ではPayPayやAirPAYなどスマホ決済サービスが増えました。キャッシュレス化が進んだことで、ビジネスにおいては利便性が非常に高くなりました。しかし、「人と会う口実」という点に関しては、現金手渡しの機会が減ってもったいないなと思うのです。

自治会費にしても、支払う支払わないは個人の自由です。支払いましょうなんて説教するつもりは毛頭ありません。支払わない空気が漂っているからこそ、逆に支払うことで交流に活用できますよ、と言いたいんです。

名士ランクを上げやすい「ドラ要素」とは？

さて、ここまで地元に溶け込む方法を紹介してきましたが、改めてP.42からの「名士ランク」に照らし合わせて見てみましょう。これらを実践していけば、自然と「地元の名士見習い」や「地元の名士ランクC」をクリアできるはずです。

【地元の名士見習い】
※地域住民として暮らしている状態
・その地域に住んでいる
・ご近所さんと挨拶を交わす
・地域のお店や施設に日常的に出入りしている
……など

【地元の名士ランクC（初級）】
※地域住民と交流できる状態
・世間話や井戸端会議に参加できる
・近所からお裾分けや旅行土産などをもらう
・ホームパーティーを開いたり誘われたりする
・商店街を歩くと声を掛けられる
……など

ROMっている期間は立派な名士見習いですし、挨拶回りや地域の集まりに顔を出していれば、自然と名士ランクCになれます。

2章でも言いましたが、改めて「出身地＝地元」の人に、アドバンテージを感じますよね。新たにその地にやってきた人は、ROMってから交流を深めなくてはいけませんが、出身地で地元宣言する人は、その時点で名士ランクC相当の立場を持っている場合がほとんどなんですから。

このアドバンテージは、麻雀における「ドラ」のような存在です。

麻雀は、牌の組み合わせによって翻数が変わり、翻数が高いほど点数が上がるゲームです。その中でもドラは、持っている牌の数だけ翻数がプラスされるというボーナスアイテムのような存在です。

名士を目指す人にとっても、ランクアップに有利となるドラがいくつかあるので紹介しましょう。

（1）地元出身

生まれ育った街がそのまま地元という人は、横のつながりも縦のつながりも構築しやすい。小中学校の同級生や先輩後輩のつながりは、大人になってからより効果を発揮します。

共通の友人がいることを知って意気投合したり、年配の人でも母校が同じという理由でかわいがってもらったりなど、人脈が人脈を呼ぶ仕組みが自然と生まれます。

(2)地元の名門校出身

地元の学校の中でも、さらに有用なのが名門校。特に有名大学に多くの合格者を輩出している進学校は、地元で一目置かれています。

難関大学出身も強いネームバリューを持っていますが、地元で誰もが知っている進学校の方が身近なエリートであり、親近感と尊敬を集めやすい。このため地域によっては名門大学を卒業していることよりも、その地元の進学校出身という学歴の方が受けが良いケースが多く見受けられます。歴代の市長が地元の進学校の卒業生ばかりという自治体も多く、名士になりやすい肩書きといえるでしょう。

ちなみにこれは高学歴がゴロゴロいる都内よりも、地方の方がよりドラ感は高まるようです。私の知り合いに関西の名門高校出身→東大卒業→テレビマンと歩んだ人がいますが、故郷に帰るとお見合いの申し込みがたくさん来るそうです。「地元の名門高校出身」「東大卒」「有名番組制作のテレビマン」の肩書きでドラ3ですからね!

彼は東京で働いていますが、地元の人にとっては十分に名士の資格のある存在ということです。

（3）名士の子ども

旧家や名家、政治家、地元の有名企業、地元の大地主、地域密着型の人気店など、名士の家庭に生まれた子どもは、それだけで大きなアドバンテージ。家業を継げば、そのまま名士の座が付いてきます。

親が偉大すぎるゆえに比較されるなど、プレッシャーも大きいですが、すでに豊富な人脈を持っています。誠実な人間関係を意識し、努力する姿を見せることができれば、先代と同じ支持を得ることも十分に可能です。

（4）子持ちの既婚者

名士を目指す上で、実は家庭を持っているか否かはとても重要です。

独身と既婚者では世間の目が大きく異なり、閉鎖的な地域ほど「独身は半人前。家庭を持って一人前」との認識が強い傾向にあります。

それというのも、既存の名士や権力者たちの多くが、同じように家庭を持ち、子どもを育てた経験を持っているからです。

また、子どもがいる家庭は「大きな間違いを起こさないだろう」という、ある種の公共概念が抱かれ、ひとつの安心感も与えてくれます。

（5）マイホームを所有
マイホームを持っている人は、経済的にも安定していると見なされ、（4）と同じく信用を得やすい傾向にあります。このため、マンションよりも一軒家の方がその信用は高い。また、一生モノの買い物であるため、マイホームを購入した人物は「この地に定住するのだろう」と認識され、安心感も抱かれやすい。

ほかにも、自宅に人を招いてホームパーティーを開催できるなど、井戸端会議の主宰者になりやすいというメリットも。個人主義で自宅を開放しない人が増えている中、マイホームを開放できる人物は名士にグッと近づきます。

以上、5つが代表的なドラです。

（1）から（3）は先天的ですが、（4）と（5）は後天的に入手可能なドラです。特に（4）の既婚者かどうかは大きいと感じます。

月収10万円をそれぞれ稼ぐ男女のフリーターカップルが結婚すると、「世帯月収10万円の独身男女」から「世帯月収20万円の夫婦」に変わりますよね。これだけで、社会的信用が爆上がりするんですよ。

また、子どものいる家庭であることも信用がグッと上がります。

たとえば、成人男性が地域の子どもたちと接触する場面を想像してみてください。子持ちの男性が子どもたちと接していても、周囲はあまり気にしません。しかし、独身男性が子どもと接していると、周囲からは「誘拐」や「いたずら」などの事件を連想する恐れがあるのです。

独身男性にとっては理不尽な話ですが、残念ながら公共の概念です。このため、独身ながら周囲から期待されている人物は、地元の顔役がこぞってお見合い相手を紹介してくるなど、世話を焼こうとすることもあります。

近年「若者の結婚離れ」が叫ばれていますが、その風潮もまたチャンス。3章で広島県神石高原町が若いファミリー層を対象に募集している話を書きましたが、既婚者で子持ちの若者は、後継者不足の地域にとっては宝物のような存在なのです。

第 5 章

地元の名士になるために

名士ランクアップの上昇気流に乗る

地域に溶け込む方法を実践していけば、自然と人々と交流できる程度の「地元の名士ランクC」に到達することができます。

では、ここからさらに名士ランクを上げるためには、どうすればいいのでしょう。

【地元の名士ランクB（中級）】

※地域住民から信用される状態

- 地域の活動に誘われる
- お祭りの寄付金を出す
- ソーシャルな立場の指導者を務める（少年スポーツのコーチ、学習塾の講師など）
- 独身の場合、縁談を持ち掛けられる
- 地域の顔役（既存の名士）を紹介される

・選挙に出ないかと誘われる

……など

【地元の名士ランクA（上級）】

※地域住民から信頼される状態

・地域の問題について相談を受ける

・地域密着の店や会社を長く経営している

・お祭りの寄付金を集める

・地域の役職につく（商店会長、自治会長、PTA会長、青年団長、民生委員など）

・選挙に立候補したら当選する

・地域イベントの出演を依頼されたり、主催したりする

……など

名士ランクBやAは、住民から信用・信頼を得ている人物です。

実はこのランクに達すると、自分から行動しなくとも、周囲がより高いポジションへと押し上げようとする不思議な力が働きはじめます。ざっくり説明すると、次のような流れです。

「将来有望な若者だ。もっと多くの人に知ってもらいたい」

←

「どうもどうも。先日は世話になったね。また何かあったら手伝ってくれ」

←

「気がつけば、君もすっかり地元の有名人だな」

←

「困ったことが起きたぞ。とりあえず彼に相談してみようか」

←

「これからは、彼にこの街を引っ張っていってほしいなぁ」

このような上昇気流に乗るためには、何よりもまず「より多くの人と交流し、自分の存在価値を広く知らしめるような行動」が求められます。

そこで私がオススメしたいのが「ソーシャルグッドな店をつくる」という方法です。

ソーシャルグッドな店をつくれ

「ソーシャルグッド」とは、社会貢献などの活動を支援したり促進したりするサービス・取り組みのことです。

ちなみに、ビジネスの手法を用いて、「社会的課題」の解決に取り組む事業をソーシャルビジネスと呼びます。2017年の中小企業庁『中小企業白書』によれば、新しく起業した事業の約46%がソーシャルビジネスに該当するそうで、注目の高さがうかがえます。

社会的課題とは、環境問題、貧困問題、少子高齢化、人口都市への集中、高齢者・障がい者の介護・福祉、子育て支援、青少年・生涯教育、まちづくり・地域おこしなどが挙げられます。「利益の追求」ではなく、こうした「社会的課題の解決」に重点を置いている点が一般企業との最大の違いです。

とまぁ、事業内容を聞くと非常に堅苦しい印象を受けますが、私が言うところのソーシャルグッドな店とは、要するに「地域社会に役立つ店」です。

地域密着型であると同時に、その地域社会のためになる仕事をしているとなれば、当然ながら地域住民から尊敬を集めることができますよね。

私が塾長を務めていた「学習塾」も、そんなソーシャルグッドな店のひとつといえます。

学習塾はP.123の図でいうと、教育・学習支援の業種に当たりますが、塾の先生はいいですよ。「子どもたちに勉強を教える」なんて、文句のつけようがない仕事で

起業家の事業業種割合比率

中小企業庁委託「企業・創業の実態に関する調査」
(2016年11月 三菱UFJリサーチ＆コンサルティング(株))を参考に制作

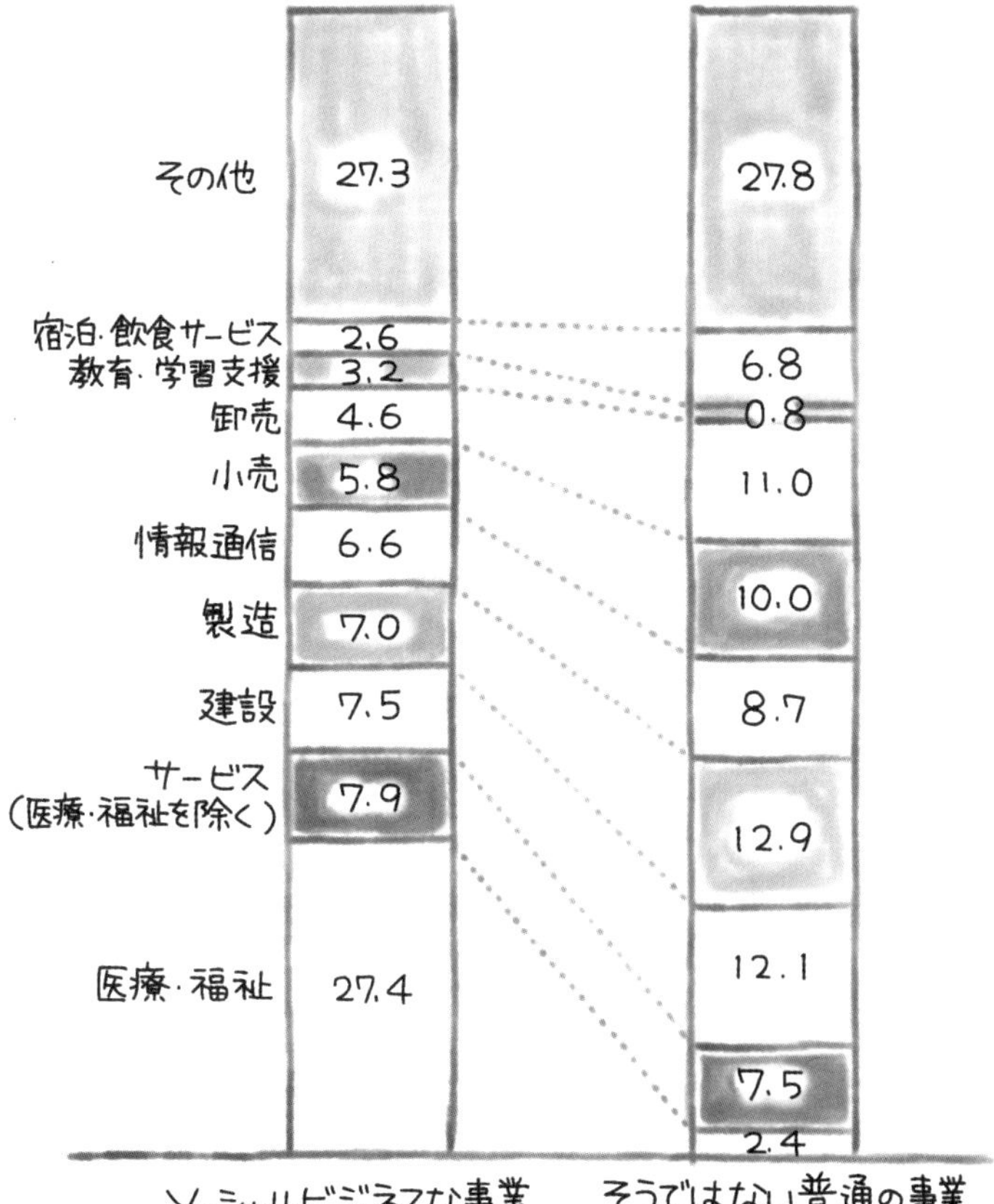

す。子どもたちだけでなく、親からも「先生」と呼ばれますし、その地域での存在感も増します。

塾をつくるのは簡単で、テナントを借りたら「塾です。生徒募集中です」とアピールするだけでいい。それだけで生徒が集まってくる。なぜなら、子どもは長距離移動が難しいので、多くの場合、親が地元の塾に通うことを選択するからです。それに、常に子どもは一定数存在するため、顧客の母数も計算しやすいんです。

「塾をつくるのが簡単とか言うけど、実際は難しいに決まってる」「いまの仕事を辞められないし、テナントを借りるお金だってない！」「この少子化の時代に子どもだって簡単に集まらない！」

そんな声が聞こえてきそうですが、別に将棋でも手芸でもプログラミングでも、「週末だけ公民館を借りて、子どもたちに向けて『〇〇教室』を開催します！」とかでもいいんです。地域の掲示板で、よくそんな案内が貼り出されているじゃないですか。

あくまでも塾は手段のひとつであって、目的は名士になることです。つまり、何でもいいからソーシャルグッドなことを始めましょうよ、という話です。

それこそ、地元の少年サッカーチームのコーチは、平日に一般企業で働いている人も多い。いわゆる「ボランティアコーチ」という存在です。自分の趣味や特技、空き時間を生かせば、地域貢献する方法はいくらでも見つかります。

拠点を持った上で「多動力」を発揮する

また、地域でさまざまな人と交流するときは、複数の肩書きがあると便利です。

私の場合、リサイクルショップ経営者、バー経営者、塾の経営者を使い分けることができます。小さい子どもを持つ親御さんと接するときは「塾の経営者です」と言えば受けがいいし、水商売相手に話をするときは「バーの経営者です」と言った方が入り込みやすい。

ほかにも、YouTuber、経営コンサルタント、新たに著述家など、私は複数の肩書きを持っているので、その分だけいろいろなジャンルの人にリーチしやすくなります。

こんなことを書いていると、次のようなツッコミが聞こえてきそうです。

「ちょっと待て、えらてん！『複数の肩書きを持て』とは、ホリエモンの多動力と一緒じゃないか！」

その通りです。

確かに私は1章で多動力に疑問を呈しました。しかし、「賛同する部分も多かった」とも言いましたよね。

多動することのリスクは、フラフラした末にどこでも成功できずに居場所を失ってしまうことです。それならば、確固たる拠点を築いておけばいい。拠点を決めて、その上で多動すればいい。

つまり、多動力のいいとこ取りで地元を攻略し、名士の座をつかむわけなんですよ。

拠点を決めて「ここが地元だ」と周知させておけば、極端な話、月の半分をほかの場所で仕事してたって大丈夫です。国会議員だって東京で働きながら、地元である自分の選挙区にちゃんと拠点を持っているじゃないですか。

「いついなくなるか分からない」ではなく、「よく出掛けているが、あいつの帰る場所はここだ」と思わせる。そのために地元宣言をして、不安にさせないために普段から地域住民と交流して信頼を集めるんです。

名士が持つメインの肩書きは拠点とセット

肩書きのことに触れましたが、その「肩書き」に不動産が加われば、名士性はより強固なものになります。

P.114でマイホームは名士のランクアップを助けるドラ要素だと言いましたけど、そもそもそういった不動産は名士性と深い関係があるのです。

その最たる例が地主です。かつて郵便制度の普及に協力した各地の名士たちは、自身の「土地と屋敷」を提供して郵便取扱所の「郵便取扱役」を務めました。

現代でいえば、ビルのオーナーや町病院の院長、地元企業の社長をはじめ、地元住民の憩いの場である銭湯や「やきとりキング」のような顔役を兼ねた店など、いずれも施設と主人がワンセットとなって名士的存在を果たしています。

つまり、名士にとっての拠点とは、名士を名士たらしめる象徴・看板です。複数の肩書きを持っていても、メインとなる肩書きは拠点そのもの。何代にもわたって受け継いできた土地所有権には、不動産＋αの付加価値があるのです。

だとすると、新しく築かれた拠点は、やはり既存の名士たちの拠点に比べて見劣りしてしまいます。しかし、3章でも紹介した通り、ネットを上手に活用することによって拠点の認知スピードを上げ、あたかも昔からあるかのように錯覚させることができます。

また、ネットを利用しなくとも、拠点の立地次第で長く存在したかのように思わせることも可能です。どのような立地かというと、大通りではなく裏手のような小道に置かれた拠点です。一般的に、建物の認知は「どれだけ多く、その前を通って認識したか」に左右されます。大通りの店が集客しやすいのは、裏手にある店よりも多くの人が歩き、多くの人に認知されているからです。

裏手の店は、大通りの店よりも人々の記憶に残りにくい。これを逆手にとれば、「あれ、この店いつからあったんだ？　もしかして、昔からあったのかな」と錯覚させられるかもしれません。

ちなみに、大阪の某たこ焼き屋は「明治創業」とうたっていますが、実はもっと後に創業したお店です。そのカラクリは、もともと明治時代に創立した会社を買収し、その会社名義でテナントを借りることで明治創業をうたっているのです。

もっとも、これは詐欺に近いグレーゾーンなので推奨しませんが、それだけ老舗だとアピールすることに価値を見いだしているという一例です。

老若男女をつなぐ唯一無二の中間共同体になれ！

先ほど、ソーシャルグッドの活動を行うならば「公民館を借りてもいい」と言いましたが、拠点を重視するならば、いずれは自分名義のテナントを借りるか所有するべきです。

なぜ、そうまでして拠点にこだわるかというと、人が集まる専用の空間を確保したいからです。いわゆる「人脈と物事のハブ（拠点）」です。

ここに来ればいろんな人に会える。そんな貴重な場所を提供している場所の主は、強い存在感を放ちます。

現在、私は月イチで開催される「ながさきむら村会議」に参加しています。この会議では、旧長崎村地区（東長崎、椎名町、千川、要町、落合南長崎）のまちづくりについて話し合っていますが、会場となる場所を無料で提供しているのが、地元のスタジオ経営者です。

地元の商工会議は、名士たちが一堂に会する地域の重要イベントです。そのような大事な集まりのハブを担っている時点で、このスタジオ経営者はスーパー名士といえます。

人脈と物事のハブとなる空間は、その地域における大切な中間共同体です。

コミュニケーション不足が叫ばれる現在、特に顕著なのは各世代間のつながりが弱まっていることです。若者は若者だけの場所に集まり、高齢者は高齢者だけの場所に集まってしまう。そして、互いに長い距離を保ったまま「老害は黙ってろ」「生意気な若造め」と、相手に届かないような声でつぶやく状態なので、理解し合えるはずがないんですよ。

だから、子どもも、若者も、中年も、老人も、あらゆる人々がつながるような中間共同体を目指すんです。もしも、そんなハブ的存在になれたら、その地域の誰もが認める名士ですよ。

なお、私が経営するイベントバー「エデン」も、いろいろな人が出入りする場所を目的にスタートしました。

いろいろな人に1日バー店長をしてもらう形式をとっているので、とにかく客層が幅広い。金持ちもいれば貧乏人もいて、若い子もいれば年寄りもいる。職業も趣味もファッションもバラバラです。

たとえば、漫画家さんが「漫画家バー」イベントを開催したときには、SE、主婦、会社員、ライター、無職、イラストレーター、編集者などさまざまな職業の人たちが集まりましたが、なかでもパン屋さんは〝家が近いから〟来たそうです。エデンではこのような、地元の人を含めた異業種交流&異文化交流が、毎晩のように繰り広げられているんです。

自分のテナントをあらゆる人脈をつなぐハブとして機能させれば、周囲はその存在を決して無視することができなくなります。そのうちに、自然と周囲から頼られ、期待されるようになりますが、こうなったらあとは上昇気流に乗るように名士ランクが上がっていくはずです。

地域密着の「豊島区ＹｏｕＴｕｂｅｒ」

昨年11月、私はイベントバー「エデン」の店長を退きました。後を継いで2代目店長となったのは笹谷ゆうや氏です。

笹谷氏は、現在25歳。東大卒のエリートで、エデンの店長就任と時を同じくして「豊島区ＹｏｕＴｕｂｅｒ」としての活動も開始しました。豊島区の魅力を紹介するというコンセプトで、区内の商店街の会長や地元企業の社長にインタビューした動画を配信しています。

そんな笹谷氏、実は4月の豊島区議会議員選挙に出馬したのですが、残念ながら落選してしまいました。得票数は１２９８票。当選ラインに２５０票ほど届かなかったのです。

正直なところ、私は当選するのではと期待していたんです。

彼の出馬は、私たち仲間内における実験でもありました。ＹｏｕＴｕｂｅを中心とした選挙活動で、路上ではマイクも選挙カーも使わない。果たして、この方法でどれだけ票を集めることができるのか、と。

当初の予定では「各商店街の会長にインタビューしている姿を選挙ポスターに掲載する」というアイデアも考えていました。

そうすれば、複数の商店街から後援を受けているのと同じ効果が得られるんじゃないかと思ったんです。しかし選挙ポスターは、立候補者本人以外の顔写真掲載は禁止という規定があったため、この案はボツになりました。

いずれにしても、大健闘だったと思います。無所属の最年少候補者が、１０００票を超える票を集めたんですから。

さて、なぜ彼の話をしたかというと、「豊島区ＹｏｕＴｕｂｅｒ」の活動が、地元の名士になるための方法として有効だと感じたからです。

商店街の会長へのインタビューは、実に簡単。「豊島区ＹｏｕＴｕｂｅｒとして活動しているので、ぜひお話を聞かせてください」というだけで、ふたつ返事でＯＫをもらえるんです。

このインタビュー動画は、商店街としても大歓迎ですよね。地域を盛り上げるための紹介ＶＴＲを無料でつくって、ネット上で配信してくれるんですから。笹谷氏が豊島区ＹｏｕＴｕｂｅｒとして活動を始めたのは去年の11月末。まだまだ登録者は少ないのですが、彼の活動が地元でも広く認知されたら、住民もきっと応援したくなるはずです。

もしも4年後、再び彼が選挙に挑んだら、そのときは必ずや当選するでしょう。

笹谷氏は未来の名士候補ですが、次に紹介するのは、27歳にしてすでに地元の名士といっても過言ではない起業家の藤野郁哉氏――通称「難民社長」です。

私は、自分の起業を「しょぼい起業」と称して提唱していますが、難民社長はこの「しょぼい起業論」の師匠的存在です。

大学在学中の20歳ごろ、地元兵庫で便利屋を起業すると、弁当屋やカフェなどを次々とオープン。その後、池袋に来て私の起業を手伝ってくれたかと思えば、今度は沖縄で就職してみたりとプラプラしている印象でした。

ところが、2017年末に兵庫に戻ると、川西市を拠点に活動を始め、ここから瞬く間に名士ランクを上げていきます。

彼のスゴイところは、とにかく人を集める理由づくりがうまいこと。

公民館を借りて「川西市議が地元の人たちと語り合う会」を主宰して、本当に市議会議員を呼んで来る。議員たちも票を集めたいから来るわけで、市民が5人程度しか集まらなくても来るんです。

これ、何が重要かっていうと、集まった市民の数なんかでは当然ありません。公民館で議員と市民が集まる会を開いて、面と向かってリアルな意見交換ができる場をつくったっていう事実なんです。先の牧師の沼田さんの話に出てきた元自衛隊の方のエピソード同様、自分の利益のためではなく、人のために動く・人のための場をつくるというのは、これ、完璧に名士の行動なんですよ。

また「手頃なスペースを借りられたから」と「しょぼい文化祭」なるイベントを開催すれば、当選直後の市長が来訪します。この結果、しょぼい文化祭は「新市長が初めて出席したイベント」という名誉がつきました。

ほかにも、彼は川西市でカレー屋を開業したのですが、店舗は家賃2万円の超格安物件。めちゃめちゃ古い物件なので、オープンしたばかりなのに老舗みたいな佇まいです。そして「カレーが余ったからカレーパーティーやるぞ」と呼びかければ、そこにもまた多くの人が集まってくるわけです。

そんな難民社長が現在取り組んでいるのは「祭りの再興」です。

資料館で地元の歴史を調べ、かつて存在していた祭りを復活させようと動いている。もうね、スゴイというかズルイというか、狙いどころが絶妙ですよね。「失われた地元の祭りの復活」なんて、確実に住民の興味を惹くに決まっているじゃないですか。

ほかにも、葉梨はじめさんという和歌山県の人口7名の限界集落に移り住んで引きこもっている「山奥ニート」もいます。最寄り駅まで車で1時間半もかかるという、限界集落中の限界集落。インターネットで彼のライフスタイルに共感した若者が15人ほど住んでいるそうです。

葉梨さんは結婚されていて「山奥でニートが子育てしていたら面白い」といった発

言を、動画配信サイトやＴｗｉｔｔｅｒなどで発信していますが、地域の老人たちも、若い人がいてくれるとなにかと心強いといい、薬梨さんに仕事を頼んだりしているようです。はからずも地域の村長的なポジションに落ち着いているように見えますが、土地も守り、地域の先祖を敬うという形で地域の継承に成功した、理想的な地元の名士といえます。

詳しくは次章で書きますが、私は名士の最終形態は「墓守」だと考えています。そこには、地域の人や歴史をしっかりと受け継ぐという目的があり、難民社長や薬梨さんの行動はまさに歴史を受け継いでいるんです。

第 6 章

墓守になれ

墓守不足を救うのは最高ランクの地元の名士

　さて、ここまで地元の名士になるための具体的な方法を見てきました。「ここが地元だ」と宣言し、地元に溶け込み、人々と交流を重ね、地域貢献にも尽力した結果、ついには多くの人から厚い信頼を寄せられる存在になる。これで名士ランクAは確実にゲットできますが、ここまできたら、あとは名士の最高ランクである「墓守」を目指しましょう。

【地元の名士ランクS（特級）】
※地域住民から尊敬される状態
　・墓守になる

「墓守」と聞くと非常に重く感じますよね。確かに責任重大ではありますが、では具体的にはどんなことをするのでしょうか。

そもそも墓守は「一義的な墓守」と「二義的な墓守」の二種類に分けることができます。

【一義的な墓守】墓を管理する人…宗教者（住職、牧師など）
【二義的な墓守】墓を継ぐ人………後継者（家族・親族など）

一義的な墓守は宗教者で、日本人になじみ深いのはお寺のお坊さんです。寺院に併設された墓地を管理し、その墓に入る予定の信者たちは檀家（だんか）と呼ばれます。

数年前、スマホアプリで『ポケモンGO』が大流行しましたよね。このゲームには「ポケストップ」という無料でアイテムを入手できる場所が存在しています。いまさら説明は不要かもしれませんが、『ポケモンGO』はGPS機能を活用し、現実世界を散策しながらポケモンを捕まえて遊ぶゲームです。

さて、件のポケストップは、寺院・神社・教会といった宗教施設に設置されているケースが非常に多いんです。これは、宗教施設の権威を象徴するひとつの例といえるでしょう。墓地を抱える宗教施設はよほどの理由がない限り移動することはありません。どれだけ時代が移り変わろうとも、先祖が眠る墓を管理し、供養してくれる「寺」、そしてお坊さんは、人々から大きな信頼を集めています。実際、1875年（明治8年）の平民苗字必称義務令の際には、地元の名士であるお寺の住職に苗字をつけてもらった人も多くいました。

一方、二義的な墓守は、その墓を継ぐ人です。墓参りをしたり、法事の施主などを務めたりする役目を担い、かつては家長が継ぐのが一般的でした。ところが、現在は少子高齢化によって後継者不足が加速し、全国各地で「墓守を継ぐ人がいない！」という深刻な事態に直面しています。

この問題を解決するのが、新時代を背負う地元の名士です。二義的な墓守の後継者として、名士がその役目を継ぐのです。

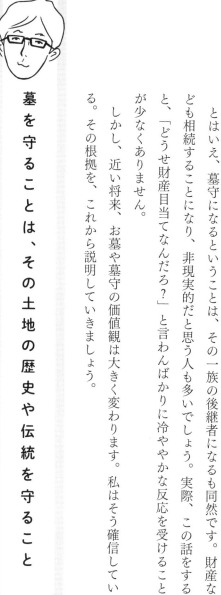

とはいえ、墓守になるということは、その一族の後継者になるも同然です。財産なども相続することになり、非現実的だと思う人も多いでしょう。実際、この話をすると、「どうせ財産目当てなんだろ?」と言わんばかりに冷ややかな反応を受けることが少なくありません。

しかし、近い将来、お墓や墓守の価値観は大きく変わります。私はそう確信している。その根拠を、これから説明していきましょう。

墓を守ることは、その土地の歴史や伝統を守ること

みなさんは「改葬」という言葉を知っていますか?

改葬とは、墓を別の墓地へと移すことで、簡単に言えば「墓の引っ越し」です。

近年、この改葬が増え続けているそうですが、厚生労働省『衛生行政報告例』によれば、全国の改葬件数は次の通りです。

1997年度――6万9862件
2007年度――7万3924件
2017年度――10万4493件

調査が始まった1997年度の改葬件数は6万9862件。以降、多い年がありつつも、2010年くらいまでは上昇率は非常にゆったりしたペースでした。ところが2011年以降から増えだし、2017年には初めて10万件の大台を超えてきました。

改葬が急増した要因は「現地の墓守不足」です。未婚率の上昇と少子化によって墓守を継ぐ血縁者がいなくなったり、遠方に定住した墓守が墓参りの負担を減らすために近場の墓地へと移動させたりと、全国各地で墓が移動しまくっているのです。

年度別 改葬件数

厚生労働省「衛生行政報告例」より各年度の
改葬数を抽出しグラフ化。2010年度は東日本大震災の
影響により宮城県のうち仙台市以外の市町村
福島県の相双保健福祉事務所管轄内の市町村及び
いわき市が含まれていない。

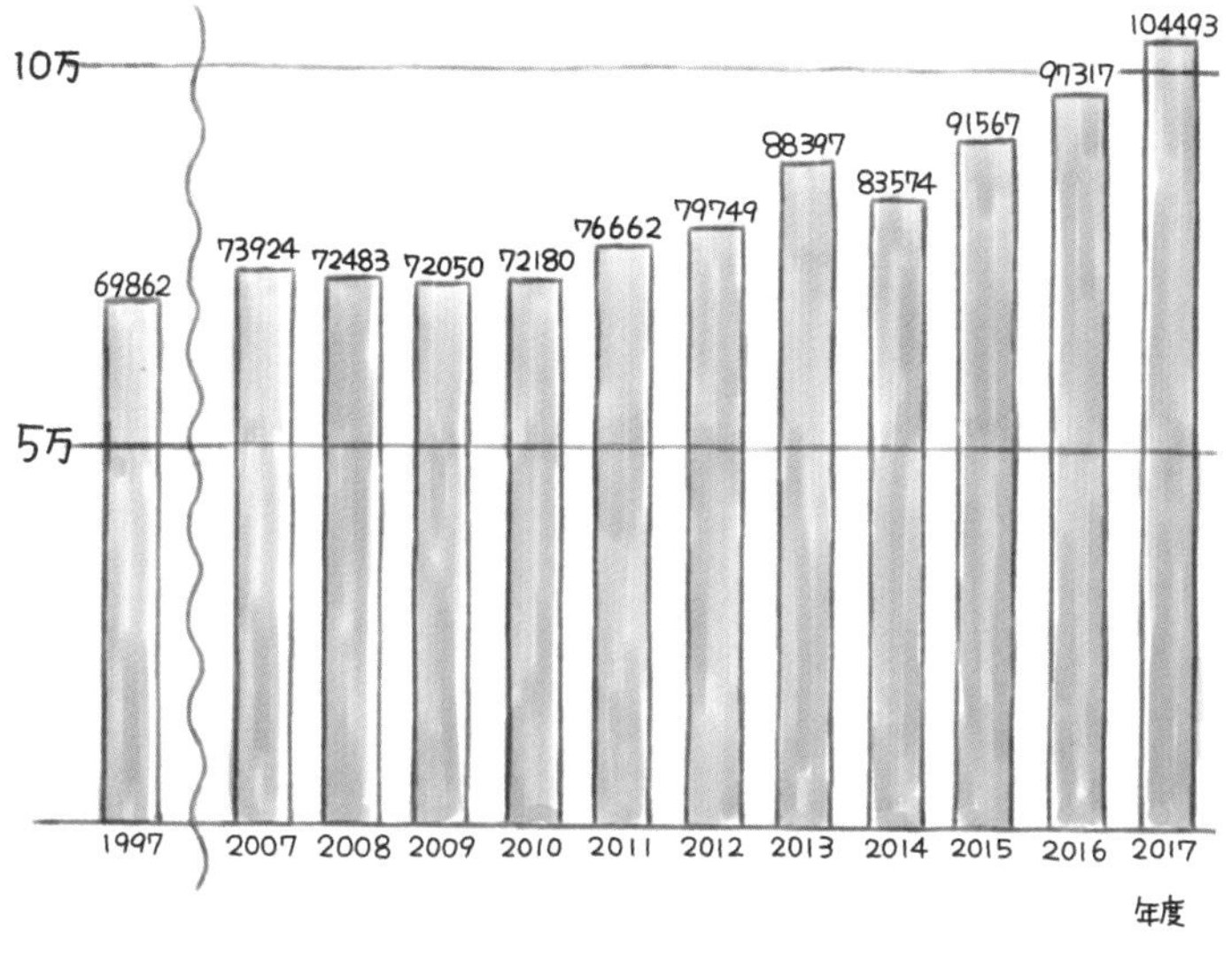

また、改葬先では永代供養墓を選択するケースも増えています。永代供養墓とは、二義的墓守に代わって寺や霊園が供養・管理を行う墓のことです。「墓を継いでくれる人がいないから」「子や孫に負担を掛けたくないから」などの理由で、生前から永代供養を希望する高齢者も多いようです。

改葬にかかるお金は、檀家から離れる際の離断料、解体撤去費用、運搬費用、改葬先の墓地の利用権料など、総額200～300万円ともいわれています。墓守がいないばかりに、わざわざ大金を払ってまで死後に眠る場所を移さなくてはいけないのです。

でも、本来ならやっぱり「その土地の墓を守る」という行為を大切にするべきだと思うんですよ。

なぜなら、土地は先人によってつくられ、維持されてきたという歴史があり、先人たちが眠るのは、その土地に建てられた墓だからです。自然崇拝や祖霊信仰は、日本人の宗教観のルーツです。神道においても、祖先の霊はその地を守る神「氏神様」になると信じられてきました。「先祖がいて自分がいる」という考え方は、日本人にとってすごくなじみ深いんです。

だから、誰かが代わりに墓を守らなきゃいけない。墓を守るということは、その土地の歴史や伝統を守ることと同義なんです。

事実、改葬が増える一方で「墓守代行」の需要も伸びています。

墓守代行とは、お墓の持ち主に代わってお墓参りやお墓の修繕・メンテナンスなどを行ってくれるサービスです。お墓が遠方にあってなかなかお参りできない人や、体調を崩してあまり外に出られない高齢者の方などのためにあるサービスですが、最近ではこの墓守代行をビジネスとして行う業者が続々と誕生していますし、ふるさと納税の特典として墓守を代行する自治体も増えているんです。

しかし「見ず知らずの他人」に大事な墓守を任せることに、抵抗感を抱く人もいるでしょう。ここで名士の出番なんです。地元で信頼を集めた名士が、地元宣言のときよりも大きな声で、高らかに宣言するんです。

「俺が墓守になる！」と。

複数の墓を守る名士が複数の地方を飛び回る⁉

「俺がやるよ」と言い続けることは本当に大事。Ｔｗｉｔｔｅｒでも井戸端会議でも、いつでもどこでも宣言すればいい。

会社の後継者問題だって同じです。畳むなら自分がやるよ、いくらなら買いますよと宣言しておけばいいんです。実際、私が学習塾を開いたのも、もともとは学習塾を閉じる人から連絡が来て、私に譲渡したいという話があったからです。私はこれを断らない。分かりました。やらせていただきます。そうすることで、あの人は本当に宣言通り引き受ける人なのだと広まっていきますから。

「会社と墓守を一緒にするな」と思われる方もいるかもしれませんが、私に言わせれば同じです。

たとえば、ベストセラーズさんは昨年トップが代わりましたが、これはファンドに買い取られたからです。近年、出版業界でもM＆Aが当たり前のように行われていますが、一族経営を貫いてきた出版社が、無関係の会社に売却するなんて、20年前にはあり得ない価値観でした。

養子になり、墓守も家督も財産も相続する。そんな日が必ず訪れます。

なぜなら、すでに墓の価値観が揺らぎはじめているからです。祖父母たちが子や孫に気を使い、改葬や永代供養を選択するような時代です。障壁を下げざるを得ない状況に追い込まれている。墓守の条件が「妥協」される日も近いんですよ。

このことは賃貸物件でたとえると分かりやすいかもしれません。物件を探すとき、最初は「駅近で、オートロックのマンションで、風呂トイレ別で……」などと考えていても、いざ探してみると、なかなか条件に合う物件が見つからない。そんなとき、妥協して家賃を上げたり、設備のランクを落としたりして折り合いをつけるじゃないですか。

墓守も同じです。血のつながりはないけど、信頼できる人物になら任せてもいい。名士に対する信頼が、血縁という条件を上回るときが来るんです。

ゆくゆくは地元の名士が複数の墓守を務める時代もやってくるでしょう。10戸、20戸の墓を守れる人材に、日本の未来が託されるようになる。財産、文化、思想、土地、全てを背負う「統合された家の跡継ぎ」が、全国各地に誕生するのではないかと思っています。

そして、さらに付け加えると、墓守を複数の地方で兼ねることも可能だと思います。「静止力」と言っておきながら矛盾を感じるかもしれませんが、それぞれの場所で信頼を得ることができれば、複数の拠点を持つことも決して夢ではない。

私は、そんな人間になりたいんです。豊島区の名士でありながら、ほかの地方の名士も兼ねる。これが、私が考える新時代の地元の名士の姿です。

人材の発掘は門戸を全開にして募集する

「地元の名士が複数の墓守を担うとともに、別の地方でも名士として成功し、同様に墓守にもなる」。大言壮語だと思われるでしょうが、今後、それを実践できる人がいないと、地方は荒廃する一方です。

そもそも、若者の呼び込み方がヘタな自治体が多すぎるんですよ。後継者不足で喉から手が出るほど若者を求めているわけです。にもかかわらず、あれやこれやと求める人材の条件を出したりしていて、こんなんじゃ応募する気になりません。

実は3章で例に挙げました広島県神石高原町の「1坪8円」の募集の話も、続きがありまして、

●3年以内に住宅建築すること
●住宅完成後、速やかに満12歳以下の子どもとともに居住
●居住後、10年以上定住すること
●自治振興会に加入し、地域の住民と協調できる方

などの条件があり、これらを満たさない場合、違約金が発生する可能性があるそうです。

ちょっと厳しすぎるんじゃない？っていう印象ですよね。

いまの若者は、自由を制限されることをメチャメチャ嫌っています。

だから、もしも「こんな若者に来てほしい」という希望があっても、それを表立って募集したらダメなんです。

その点、神奈川県平塚にある「イベントバーまよいが」というバーは、とても上手な人の集め方をしていました。どのような方法かというと「無職の人なら、誰でも5000円プレゼントします！」と宣伝したんです。

するとと、平塚の外れにあるバーにもかかわらず、無職が30人くらい集まってきた。無職といってもピンキリで、そのなかには優秀な無職も潜んでいる。だから、ここから優秀な人材を発掘して囲い込もうと考えたわけです。

この日に発掘したのは、次の3名です。

- 登録者数5万人の高校生ＹｏｕＴｕｂｅｒ
- たまたま無職期間だったＷＥＢ系の技術屋
- 面白そうだから来てみた資産家

その日のバーの売り上げは約12万円で、ばらまいたお金は5000円×30人で15万円。つまり、差し引き3万円で面白そうな人材を3人も見つけたことになるんですね。収穫は人材確保だけでなく「面白そう企画をやっている」「実際に店に行ってみた」などと拡散されて、広告にもなりました。

自治体も、本当に優秀な若者を呼び込みたいのなら、参入障壁を取っ払って、大胆な餌で釣って応募数を増やすべきなんです。

試しに「YouTuber10人に10万円ずつ配ります。好きに使ってください！」とかやっちゃえばいい。確実に10人以上が応募してきますよ。それで、実際に集まった10人の動向を、ひとまず制約をつけずにジッと見守る。好きに撮ってもらう。そこでいい人材が見つかれば、好条件で囲い込んで離さない。血税をムダに使わない意識は大事だし分かりますけど、これくらいしなきゃダメですよ。

先のバーは「こういう無職に来てほしい！」なんてひと言も言ってません。「誰でもいいから、無職ならおいで」と門戸を全開にして呼び出したんです。

ダメな人間は5分で分かる。私のバーでも「たった5分間の面接で何が分かるんだ」と文句を言われることがありますが、分かります。ヤバいヤツは5分話せばヤバさがあふれる瞬間がある。論旨と関係ない答えをするヤツとか、言い訳が多いヤツとか、たった5分でボロが出るんです。

「常識の枠」とでも言いましょうか。その枠を出ない人は、どれだけ時間が経過しても絶対に枠から出ないんです。逆に、ヤバい人は最初から枠からハミ出していたりする。これまで多くの人を面接してきましたが、最初の30秒でヤバい人は、その後1時間話していても、ずっとヤバかった。

地方企業や墓守などの後継者探しにおいても同じことが言えます。

事前の募集要項を絞るのはNG。まずは門戸を全開にして、たくさんの人間から優秀な人を探していくんです。

「とりあえず雇って、説教しながら矯正していこう」は絶対に失敗します。わずかな面接時にダメかなと思ったら、その後もずっとダメな人ですから。

また、実際に会ってみて、表には出さなかった募集要項を心の中で照らし合わせてみても、最後の決め手になるのは言語化できない部分だったりする。「一緒にニコニコ仕事ができそう」や「すごく波長が合いそう」みたいな。

バイトや社員ならまだしも、選ぶのは後継者候補です。

最終的に会社や財産、墓などの重要な資産を相続させるのですから、試しに少額を与えて、どのようなことに使うのかをチェックするのもいいでしょう。5000円程度を与えて、果たして何に使うのか。その5000円を変なことに使うような人は、家や会社を継いでも変な使い込みをします。逆に、半額だけ使って残りを返したり、社長や家長のために使用したりするタイプなら、囲い込みを検討してもいいかもしれません。

自分の後継者に求める能力とは？

地元の名士として地域に貢献し、墓守になったとしても、自分の死後に墓を守る人がいなければ意味がありません。自分の後継者となる人物を、しっかり育てるまでが名士の役目です。

その際、自分の実子が継いでくれれば、それに越したことはありません。しかし、自分自身が血縁という垣根を越えて、誰かの墓守になったのならば、自分の後継者も血縁者にこだわる必要はありません。

私は、名士性の根幹はマネジメント（management）力だと思っています。マネジメントとは「何とかする能力」であり、マネージ（manage）とは「苦しいなかでも何とかやりとりすること」です。

経営者に代わって仕事する人をマネージャーと呼びますが、店の経営は非定型業務です。不測の事態が起きたとき、どう処理するかでマネージャーの資質が問われます。大手ならば細かくマニュアルが設定されている場合もありますが、小規模な店や個人商店の場合は、マネージャーの判断に委ねられる。たとえば、非定型なクレーマーが現れたとき、毅然とした態度をとるのか、平謝りするのか、どのような対処が適切なのかを判断しなくてはいけません。

名士を継ぐ者も、あらゆる非定型な事態に対して「何とかしてくれる人物」を選ばなくてはいけないのです。地域を襲う大型災害などが発生した際、「どうしたらいいか分からない」というタイプの人物は、そもそも周囲が名士として扱わないだろうし、「どうしたら名士になれますか？　マニュアルをください」と人に頼るようなタイプの人物も名士には向いていません。

現在、全国の津々浦々で、会社だったり農業だったり家やお墓だったりで後継者不足が深刻化する中、後継者たる優秀な人材を見つけるとなると、ある程度の妥協は仕方ないかもしれません。人材豊富だった時代は減点方式で切り捨てていけばよかったのですが、いまや加点方式でないと人を選べない時代です。

しかし、どれだけ妥協しても自分の後継者となる人物には、マネジメント能力が必須です。血縁者だろうが減点ゼロの人材だろうが、マネジメント能力がなければ、名士ランクはよくてもB止まり。名士は務まりません。自分が死にそうになったとき、「あの件とあの件だけは頼む！」と託せるのは「こいつなら何とかしてくれる」というマネジメント能力なのです。

地元の名士の育て方は？

さて、ここまでを踏まえて、最後にいま一度、多動と静止を振り返っておきましょう。

ホリエモンが提唱する多動力は、セルフマネジメントする上では大切な能力ですし、学ぶべきところも多いです。でも多動はあくまで自分本位な考え方。第1章でも書きましたが、あれはホリエモンの才覚があるからできることで、一般の人がまねをしようとしても、多動の末に何ひとつ身に付かず実にならず、多動難民になるリスクが非常に高いです。

一方で静止力とは、自分の地元で周囲の信頼をいかにして得るかというのが基本スタイルです。その信頼度のステップは名士ランクという表にして可視化しましたが、時間をかけて丁寧にこなしていけば、誰にでもできる方法です。

そしてこの章では、最終的には墓守になれと説きました。「この人なら墓を守り続けてくれる」という周囲の感情は、少なくともそこに居続けてくれる人に対して生じるものであり、墓守におけるマネジメント能力は「静止力」で最も大事なものといえるでしょう。

ただし、ゴールはそこではありません。その理由は、自分が地元の名士になったとして、どんな人物に自分の後継者になってもらいたいかを考えたら明白ですよね。

そうです。静止力の本当の意味でのゴールは、次世代の名士を育てることです。そして、自分が育てたその名士が、さらにまた名士を育てること。

究極的には、こうした「名士の循環サイクル」によって、その土地々々の文化や歴史、伝統が、のちのちまで引き継がれていくことが理想です。そしてこれこそが、今後の日本の「あり方」のカギとなろうかと考えます。

大仰なことは言いませんが、本書を手に取っていただいた皆さんには、「静止力」の重要性が多少なりとも伝われば幸いです。

特別対談

「自分のやりたい」をいかに消せるか

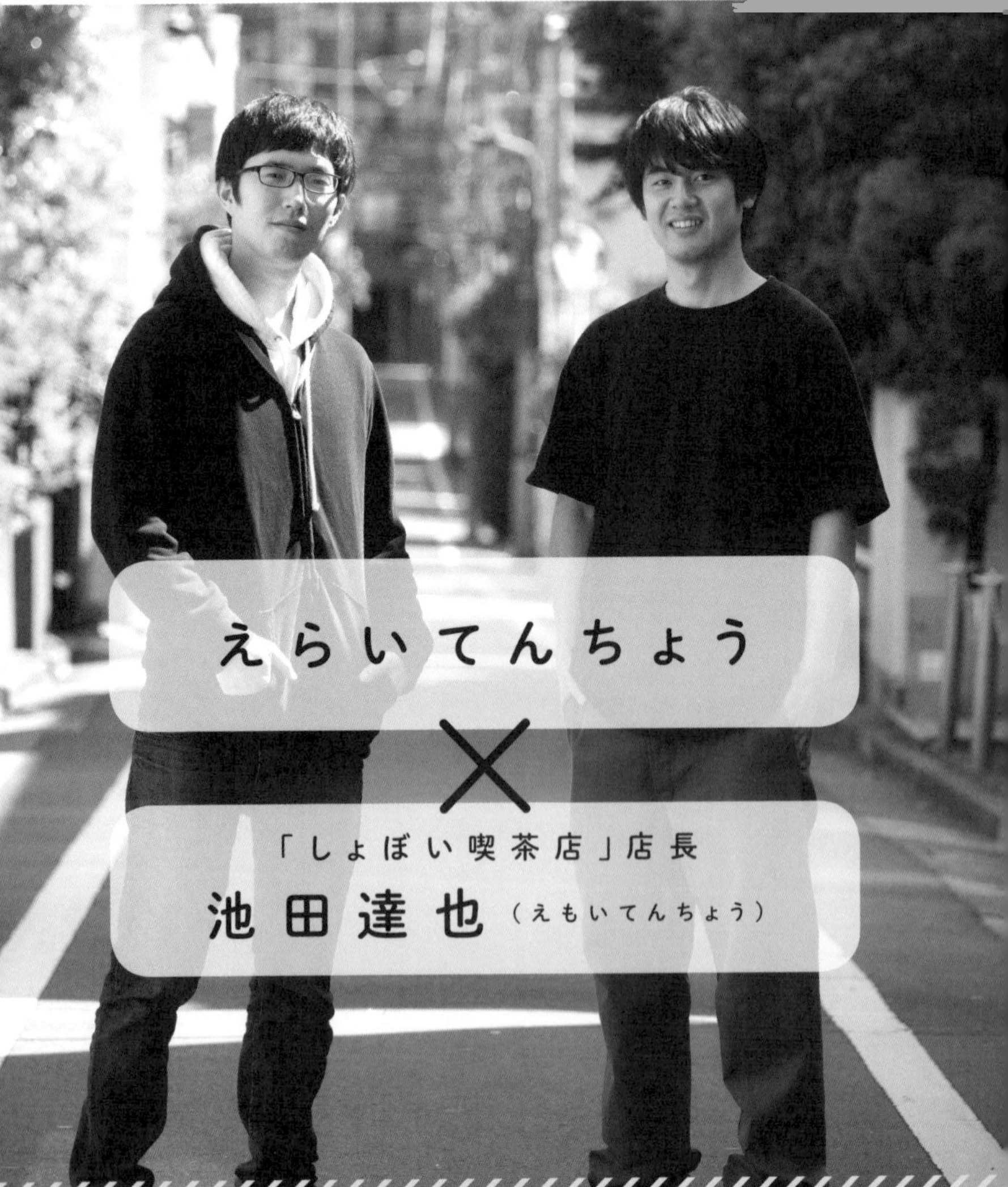

えらいてんちょう

×

「しょぼい喫茶店」店長

池田達也（えもいてんちょう）

潜在ターゲットは全員！
誰でも気軽に入れる店がイイ

えらてん　「えもいてんちょう」こと池田君のエピソードは、3章の「地元宣言したエモい若者」として紹介させていただきましたが、そもそも「しょぼい喫茶店」の場所を新井薬師前駅に決めた理由は何だったんでしょうか？　確か、最初に予定していた物件には私がダメ出ししましたよね。

池田　検討中の物件を見せたとき、すぐに却下されましたね。「とにかく固定費を抑えよう」とのアドバイスを受けて物件を探し直すことになって、中野区出身の友人に協力してもらって中野エリアで探していました。その中で、一番安かった物件が、いまのお店です。

えらてん　本書でも「拠点選びはちょっとした縁で決めてしまっていい」と書いているんですが、「中野区出身の友人の協力」も、まさにその例ですよね。ほかにも決め手になった部分はありました？　たとえば「エデン（えらてん氏が経営する豊島区の

バー）からわりと近い」とか。

池田　それも大きかったです。「しょぼい喫茶店」は、えらてんさんを中心に大きく話が動いたので「せっかくだから豊島区に近いエリアで」という条件で探していました。

えらてん　新井薬師なら、話を聞いたエデンのお客さんも来てくれるかもしれない。気軽に行けるような徒歩圏内じゃないけど「時々だったら行ってもいいかな」くらいの距離ですよね。実際、オープン直後はエデン経由で店の存在を知った人やTwitterで知った人が多く来店してくれたと聞いています。

池田 そうです。最初の頃は「しょぼい喫茶店」を目指して地元の外から来てくださるお客さんがほとんどでした。「通りがかりにフラッと立ち寄ってみました」という人は、あまりいませんでしたね。

えらてん 縁もゆかりもない場所に店を構えた場合、まずは「どのようなモノを売っているか」を周知させることが大事ですよね。私も地元で新装開店した店をチェックしていますけど、たとえば「コーヒー1杯200円」と分かりやすく書いてあれば、「ああ、この店は200円を払えばいられる場所なんだな」とすぐに認識できる。一方、何かよく分からないスペースは入りづらい。個人お断りの仲卸なんかは地元の名士的存在にはなりにくく、そうなるとカフェや弁当屋のようなお店は門戸を広げやすい。

池田 多くの人が入ってくる方がいいですよね。

えらてん そうそう。客単価は低い方がいいし、誰でも気軽に入れるような「潜在ターゲットは全員」的な店がいいと思う。

池田　実際に喫茶店を始めて気がついたのは、お店って「プラットフォーム」なのかなと。プラットフォームはユーザーが多い方がいいと思いますし、多くの人が入りやすいということは大事だと思います。

「しょぼい喫茶店の店長」は立派な名士としての肩書き

えらてん　「しょぼい喫茶店」の場合、単純なネットの口コミ効果もあったと思いますが、オープン直後に地元ウェブメディアの『中野経済新聞』に取り上げられたのも大きかったですよね？

池田　そうですね。当時、吊り看板にダンボールで「しょぼい喫茶店」と書いているだけの店構えでしたが、『中野経済新聞』の編集長は日頃からネタを探して地元を散策しているような人でした。その編集長の目に留まり、記事にしていただいたことは本当にラッキーだったと思います。

池田達也

1994年生まれ。上智大学在学中、就職活動を頑張ってみたものの挫折。そんな中えらいてんちょうに出会い、自分のペースで働ける自営業を決意。カイリュー木村氏ほかの支持者を得て、卒業直前の2018年3月に中野区新井薬師にしょぼい喫茶店をオープンさせた。同年11月には開店当初から手伝っていたおりんと結婚。2019年4月には開業前後の一連の模様を描いた『しょぼい喫茶店の本』を北尾修一氏のひとり出版社・百万年書房から発売し、多くの若者から共感を得ている。もうすぐ第一子が誕生予定。

えらてん　反応はどうでした？

池田　記事がFacebookで拡散されたことで、中野区在住のお客さんが来るようになりました。オープンまでの準備はTwitterなどでもつぶやいていましたが、Facebookは Twitterと違って実名性が高いですよね。その分だけ、地域のコミュニティーで拡散されると、Twitter以上の反応が得られるんだなと感じました。

えらてん　それは地域ならではの効果といえるかもしれないですよね。『中野経済新聞』に紹介された」という文言は強いですよ。読んでいない人でも、中野区の人にとっては信用のきっかけにもなり得るほどの力がある。地域の名前を冠することはとても重要で、たとえば、新宿区大久保に「東新宿食堂」ってお店があるけれど、あの店はフジオフードシステムという会社の「まいどおおきに食堂・さち福や」ブランドのチェーン店です。新宿1丁目には「新宿1丁目食堂」があって、浅草には「浅草2丁目食堂」……といった具合に、その地域の名前を名乗っている。本当はチェーン店なのに、それだけで地元住民が抱く親近感がガラッと変わったりするから侮れない。そういえば「しょぼい喫茶店」も、当初は「しょぼい喫茶店○○」みたいな名前にする予定でしたよね？　地域名とかつければよかったのでは？

池田　別の店名も考えていたんですが、オープン前の段階で「しょぼい喫茶店」という名前が定着していたように感じたので、じゃあ、そのままでいいかと。

えらてん　それもアリですよね。「しょぼい喫茶店」という店名だけで、十分インパクトはあると思うし。

池田　実際、店に来たことはなくても「名前だけは知っている」という地元の人が増えているように感じます。以前、地域の餅つき大会に参加したとき、区議会議員も顔を出していたのですが、その議員が「しょぼい喫茶店」を知っていて驚きました。

えらてん 政治家にとって基盤となる地域の情報は大事だから。彼らはそうした情報に敏感ですよね。

池田 あと、「地元の不動産屋も全員知っているよ」と言われこともあり、これにもビックリしました。

えらてん そうなんですよ。なんやかんやで地元の店って、その地域に住んでいる人はみんな知っている。「入ったことないけど知ってる」という人はすごく多いと思う。そして、そんな人たちをどうやってお店に呼び込んだらいいかというと、地域交流なんですよ。池田君の餅つき大会は良い例で、周知されている店の主人が参加して挨拶すれば「ああ！　あなたがあの店の！」となりますよね？　4章で「半年ROMれ」という話をしたけれど、逆に地域住民も新しくやってきた人をROMっている。「新しくお店ができたけど、入ってみようかな？　どうしようかな？」と迷う心理は、分からないから不安になっている状態です。でも、地域交流の場で実際に店主と会えば、その不安は大幅に薄れ、障壁がガクンと下がって入りやすくなります。

池田 分かります。僕がいち住民として餅つき大会に参加していたら「ただの池田さん」でしょうけど、多くの人は僕を「しょぼい喫茶店の店長さん」や「しょぼ喫さん」などと呼んでくれました。実際、「ずっと来てみたかったんだよ」というお客さんも多いです。

えらてん ですよね？　それは立派な名士性ですよ。「名士が持つメインの肩書きは拠点とセット」で、池田君の拠点である「しょぼい喫茶店」という名前は、切っても切り離せない大切な肩書きとなっている。すごくいいですよね。名士ランクでいったら、すでに池田君はBとAの間くらいになっているかもしれない。どう？　次の中野区議会選に出てみません？

池田 いや、僕はえらてんさんみたいに上手にしゃべれないので、それは遠慮しておきます（苦笑）。

ネット活用の注意点は自己発信より他人発信

えらてん オープンから1年ちょっとたちましたが、最近では常連の顔ぶれに変化は出てきましたか？　地元住民はリピートしてる？

池田 おかげさまで、常連さんのほとんどが地域住民の方々です。新井薬師はもちろんですが、隣駅の沼袋や野方から通ってくださる方もいます。

えらてん それは何より。口コミも増えてるのかな。

池田 リアルでもネットでも口コミの重要さを痛感しています。他人発信であることって大事ですよね。

えらてん その通り。知っている人に勧められるのって本当に大きいですよ。食べログで高評価の店を探すのも悪くはないけど、池田君だって食べログで紹介されている店よりも、私に「あの店いいよ」って言われた方が信用しますよね？

池田 確かに、全然違いますね。

えらてん リアルの口コミをどれだけ伝播させられるかは大事。あとは、さっき池田君も言ってたけど、ネットならFacebookのような実名性での口コミも大きいです。

池田 今年の2月くらいから、えらてんさんのアイデアで僕の店でも「いつでも子ども食堂」を始めたじゃないですか。その後、実際に来店してくれた親子連れがFacebookで発信したら、多くの主婦友達が「来たい！」と反応してくれたそうです。もしかしたら、それがきっかけですでに来店してくださっているかもしれません。お客さん一人ひとりに「当店を何で知りましたか」と聞いているわけではないので、実際は分かりませんが、主婦ネットワークもかなり強いのではと思います。

えらてん 結局、お店側が張り切って発信するとスべるんですよね。店側の想定している「売り」と、お客のニーズが一致しているとは限らないですから。むしろお客さんが自発的にどういうところを切り取って発信してくれるか、というリアルな声の方がよっぽど影響力が強いです。ほら、最近だと店側が「インスタ映え」を意識したメニューとかスポットを自ら発信してたりするじゃないですか。アレってかえって寒いですよね？

池田 あ〜、分かります。

えらてん 明らかに「狙いにきてるな」ってのが分かると、お客さんも醒めちゃいますし、あくまでも自然発生的な効果を狙うなら「撮影自由」をアピールするだけの方がいいと思う。「撮影は自由、動画も自由、SNSにアップも自由、店主・店員の顔も自由にアップしていいですよ」って店内に貼っておくなどして周知させるだけでいい。お客さんが自発的に口コミするチャンスをつぶさないこと。そこだけ注意しておくくらいでいいんじゃないでしょうか。あとは、もしもネットで店の悪口を書き込まれても、あまりムキになって反論しないこと。「ネットで話題にしたら面倒な店」というような負の印象は広まるのが早いから、抱かせない方がいいですからね。

池田 言葉は悪いかもしれませんが「お客さん任せ」というか、その方が説得力もあるし広がりやすいと思います。

打算で動くは名士にあらず
決してリターンは求めない

えらてん そういえば「いつでも子ども食堂」の話が出たけど、「しょぼい喫茶店」で利用するお客さんは親子連れですか？　それとも子どもだけで来る場合もあります？

池田 うちは親子連れだけですね。子どもだけで利用するお客さんは来たことがないと思います。

えらてん 「いつでも子ども食堂」はエデンの系列店でも実施していて、子どもだけで来るケースも珍しくないけれど、先日、某店舗でその子どもたちに盗難を起こされたみたいなんですよ。

池田 子どもたちが何かを盗んだってことですか？

えらてん そう。子ども5人の母子家庭があって、そこは母親が一度も店に顔を出したことがない。それだけでも少しアレな家庭なんだけど、とにかくそんな子どもたちに食事を出していたら、いつの間にか店員の財布からお札がなくなっていた……なんて事件が発生してしまった。

池田 それで、どうしたんですか？

えらてん 何もしてないです。あの子たちがクロに近いけど、別に捕まえて説教しようとか思ってないんですよ。以前、私も炊き出しをしていたことがあるけれど、炊き出しに来る人って、とんでもなく行儀が悪い人もいるんです。おにぎりを渡したら、ひと口だけ食べて目の前でポイッとかフツーにある。でも、無料で提供するから「残さず食べてほしい」とか「食べ物を大切にしてほしい」みたいな気持ちは、こちらのエゴだと思う。「無料」に釣られる人の中には確かにロクでもない人もいるけど、そんな人たちに対して何も要求せずに相手をすることが名士性の原点のひとつなんじゃないかな。打算でやっても名士になれないというか、リターンを考える人には人は集まらないと思うんだよね。だから「いつでも子ども食堂」で食事を出すにしても、子どもたちに「行儀よく食べてほしい」とか「品行方正にしてほしい」とか思っていたら、名士としてはまだまだなのかもしれません。

池田　難しいですね。

えらてん　「のれんに腕を押し続ける」というか、自分のできる範囲で見返りを求めずに行動を続けられる。そういう人が、のちに有力者としてのし上がっていくんだと思います。

後進を育てることのメリット
他人の思想の根幹に入り込む

えらてん　「地元に溶け込んだな」と感じる瞬間はありますか？

池田　地元のお客さんが増えたことはもちろんですが、彼らにちょっとした相談をしているときに「地元感」を抱きます。現在、妻が妊娠中ですが、里帰りせずにこちらで出産する予定なんです。そんな話をすると、子連れのお客さんなどが「あの病院が良いよ」や「この申請はしておきなさい」などと教えてくれるんです。地元の人に助けられているなと感じると同時に、溶け込みつつあるんじゃないかと思います。

えらてん 子どもの存在はコミュニケーションのきっかけとしても大きいですよね。

池田 保育園や小学校も意識するようになるので、地元感が強くなっているのを感じています。

えらてん 実際に子どもが生まれたら、ファミリー・サポート・センターを利用するのもいいかもしれません。

池田 ファミリー・サポート・センターですか？

えらてん 地域の育児を応援してくれる自治体運営の組織で、申し込むと子どもの面倒を見てくれるんです。うちも利用していて、豊島区は1時間800円くらい。面倒を見てくれるのは、その地域に住んでいるおばさんたちなんだけど、彼女たちの多くは、お金目的じゃなくて老後の生きがい的な側面が強いように感じます。彼女たちのように、自分が住んでる地域の子どもの面倒を見る人たちも、立派な名士といえそうです。

池田 子どもの頃にお世話になった人って、大人になってからも頭が上がらないものですよね。

えらてん そういうことです。江戸時代でも、春日局とか将軍の教育係や乳母が強い権力を持っていたわけで、子どもの教育に関わるのは名士として大きな要素。池田君も、いつかファミリー・サポート・センターに登録したらどうでしょう。

池田 自分はひとまずお世話になる側だと思いますが、いずれはサポートする立場にも回ってみたいですね。

えらてん 「どれだけの人間のおむつを変えたか」によって、将来的な影響力は変わってくる。そう考えると「いつでも子ども食堂」も、おむつを変える行為みたいなものですよね。

池田 確かに、そうなりますね。

えらてん 少し話が変わるかもしれないけれど、私はYouTuberとして後進を育てることを大事にしてるんですよ。というのも、後進を育てると、彼らの思想の根幹に私が入り込んでくるから。

池田 ……なるほど!

えらてん あ、分かりました？　私が思想の根幹に入り込むと、何かあるたびに彼らは私に言及せざるを得ないわけで……。

池田 僕も『しょぼい喫茶店の本』で、えらてんさんのことを繰り返し書いています。

えらてん そういうことですよね？

そうです（笑）。自分を強くするためには、自分が頑張るだけでなく、強い人を育てるのも大事だということです。YouTuberのプロデュースにおいて、たとえばイケダハヤトさんは教科書と銘打って書籍を販売しているけど、私はこれをすべて無料で行う。エデンの現店長・笹谷ゆうや氏は「論文ユーチューバー」の肩書きも持っているけど、これも私が「やりなよ」とお金を出した。その結果、登録者は1年たたずに8000人近くにまで増えている。もしも彼が有名になって本を出したとしたら、池田君みたいに私の名前を出してくれるかもしれない。ほかにも笹谷氏のようなYouTuberを育成していて、彼らが伸びていくことで私自身の名前も広がっていく。それが目の前の小銭よりも将来的な利益につながると思っています。

「しょぼい喫茶店」はお客の人生の通過点でありたい

池田 内田樹先生も言ってました。「自分が広めるのではなく、自分から影響を受けた人が広めていくことが大事だ」と。それに、「いつでも子ども食堂」にしても、えらてんさん自身が行っているわけではないけど……。

えらてん そうなんですよ！　私自身が子ども食堂をやっているわけじゃないのがポイントなんですよね。でも「やろうぜ！」と呼びかけて、ときどきお金を出したりすると、不思議と私もやっているような雰囲気が出てくる。これってすごく名士的ムーブ。地域のお祭りにしても、提灯に書かれた名前の人は出資者であって、お祭りの実行委員ではない。でも、大きな提灯に名前が出ていると「この人のおかげでお祭りができているんだ」という謎の力を示すことができる。この提灯的な効果は、お祭りに限らず、現在はネットを通じて全国に広く拡散することができると思うんです。

えらてん 『しょぼい喫茶店の本』の刊行後、お店にも何か反響はありました?

池田 開店当初のような満員状態が続いた時期があり、とてもありがたいことだと感じました。ただ、それは一過性のもので、やはり常連さんとの交流が大事だと思っています。先日、ある求職中の常連さんの再就職先が決まったのですが、彼の「この店は、何者でもない自分を受け入れてくれた場所だ」という言葉がとても印象に残りました。リアルな居場所を提供できていたとしたら、それは僕としてもうれしいし、お客さんたちにとっての「人生の通過点」になれていたらいいなと思うんです。

えらてん お! 「人生の通過点」ってすごくいい言葉ですね。通過させないとダメ。

池田 そうなんですよ。居場所であると同時に、通過点であること。

えらてん 自分の場所で囲っているだけだと、単なる教祖様にすぎず、それは名士ではない。人間が生まれて、どこかに羽ばたいて、いつか帰ってくる。通過点として、一度、手放すことが大事。手元に置いたままだと、自分の想像の範囲でしか成長させられないからね。家族のように、自分の陣営に置いておく一部の人以外は、積極的に通過していってほしいですよね。

池田 でも、通過点であり続けるためには、僕はお店を維持して今後もこの地に存在し続けなくてはいけない。そう考えると、やっぱりお店ってプラットフォーム感があると思います。知らない人たちが集まって知り合いになるわけですからね。「しょぼい喫茶店」で知り合って結婚した人もいますが、僕は彼らの通過点になれたのかな？　そんなふうに、同じ場所でみんなの人生を見送っていくのが面白いんです。

えらてん 本書のテーマである「静止力」の観点からも、「しょぼい喫茶店」は移動せずに長く続けてほしいです。仮に移転するとしても、同じ地域内にあり続けて、10年後も20年後も存在しているんだと周囲を安心させてほしい。ところで、将来的に2号店や3号店を考えたりはしていますか？

池田 いまは将来のビジョンはまったく考えていませんね。「風が吹いたらそれに乗る」というか、いい感じの風が吹かなかったら地上をテクテク歩き続けるような感覚です。「この人にだったら任せてもいい」と思える人に出会えたら、2号店も考えるかもしれませんが、ただ「名前を貸してください」的な人には難しいかな……。エデンの各支店はどうやって任せてるんですか？

えらてん 適当ですよ（笑）。

池田 でも、全国のエデンの支店を回りましたが、どこの店長もすごいじゃないですか。各地の名士になっている人ばかりの印象です。任せる上での基準は、絶対にありますよね？

えらてん しいて挙げるなら「他責的ではない人」かな。売り上げが悪いときにエデンのせいにしない人。自分で試行錯誤して頑張れる人がいいですね。まぁ「しょぼい喫茶店」はエデンみたいなシステムとは違ってお店の雰囲気も大事だから、同じような条件で任せられるわけじゃないと思いますけど。

池田 そうですね。プラットフォームづくりというか、いろんな人の人生の通過点になる場所にしたいので、お客さんたちとの距離感を大切にできる人でしょうか。距離を縮めすぎてもダメだし、無関心すぎてもダメ。その加減がとても難しいかもしれません。

究極の最強名士は天皇陛下
個よりも役割を優先する人が名士

えらてん 池田君は夏に子どもが生まれる予定ですよね。本書では「後継者不足」についても話をしていますが、自分の子どもに跡を継いでほしいと思いますか？

池田 いまはまだそこまで考えていませんね。

えらてん じゃあ、どんな子どもに育ってほしいですか？

池田 「感謝できる人」かな？　恩を恩として感じられる人になってほしいです。

えらてん それは自分の体験からですか？

池田 そうです。店を始めてから強く感じるようになりましたが、つくづく「自分はこの社会に生かされているんだな」と。常連さんにしても、ただコーヒーを飲みに来ているのではなく、僕を応援してくれているのではないかとさえ思っています。応援するためにコーヒーと500円を交換しているというか、それこそ、えらてんさんや出資者のカイリュー木村さんも含め、僕はいろいろな人に生かされているんです。そう感じるようになってから、自分のために頑張るのではなく、誰かのために頑張ろうと思考が変化した気がします。自分がしてもらったことを、その人たちやまた別の誰かに返していく。そういう感謝の気持ちを、どこかの段階で理解できるような子どもになってほしいと思います。

えらてん 「誰かのために頑張る」という考え方は素晴らしいです。いまは「個人のために、自分のために生きる」という考えが主流になっていますからね。でも、個人を先に立てず、自分の役割を果たそうという考えは実に名士的。というのも、私は「日本の最強名士とは天皇陛下」だと思っているんですよ。

池田 あ〜、なるほど。

えらてん なぜ天皇陛下が最強名士かといえば、ご自分を優先されることなく、ご自分の役割を果たされているから。社会的に求められる役割――たとえば親なら親、商店会長なら商店会長という、自分に期待される役割を果たそうという人物こそが大人であり、名士だと思う。天皇制廃止論者の東大教授・井上達夫先生は「天皇制は日本に残された唯一の奴隷制」と言っています。つまり、本人の希望と関係なく、天皇陛下は天皇陛下であらねばならない。奴隷という言葉が少し強いですが、天皇陛下は人権が制限されているんですよね。昔、上皇陛下が「世襲はツライ」と同級生に愚痴を漏らされたというエピソードがあるけれど、確かに世襲はツライ。でも、ツライけど世襲するわけなんです。それを続けられてきたからこそ、天皇制と天皇陛下にリスペクトが生まれる。我々は天皇陛下でもないし名家の生まれでもないけれど、「求められる役割を果たす」という行動理念は、陛下から倣うべき部分かと感じます。子どもを育てるのなんて難しいし、実際に育てる自分自身が立派な人物かといったら、そうじゃない人の方が多いでしょ？　でも、歳を重ねるに連れて、その年齢に応じたムーブ、その立場に応じたムーブをしなくてはいけない。親なら親の役割を演じることが大切なんですよね。内田樹先生は「大人のフリをすることでしか大人になれない」と言っていますが、まさにその通り。すごくいい言葉だと思います。

池田　「自分のやりたい」を終わらせて「ほかの人のやりたい、やってほしい」を実行するんですね。

えらてん　そう。それを20代の我々がやっていく。それが多動のアンチテーゼである静止の役割です。「天皇なんていなくてもいいじゃん」という考え方は、個人の幸せを突き詰めたら理解できるけど、「うまく説明できないけど、とにかく天皇陛下は大切なんだ！」と言いたいです。「なくても困らないから」という理由で排除した結果、実はものすごく大事なモノだったということは往々にしてある。それがなくなったことで共同体が崩壊するっていう事態はありふれていますから。近年の個人主義の潮流を感じるたびに、逆に「自分は天皇陛下の赤子(せきし)である」という感覚が強まっています。

池田　天皇陛下は、生まれた瞬間から「自分のやりたいこと」がない状態で、だからこそ貴いというか……。

えらてん　そうなんですよね。長く続いているモノに対するリスペクトが大事という話で、それは地元の名士という役割においても同じことが言える。伝統を受け継いでいこうよ、もらったモノはほかに返していこうよ、というちょっとした倫理観の集積を大切にしたい。地域の小さなお祭りや餅つき大会が、地域共同体を支えているのかもしれないし、支えていないのかもしれない。でも、いずれにしても伝統に敬意を払い、継承していく。少なくとも自分の代では終わらせないぞ、と。

池田 いまの潮流は、その逆なんですよね。ムダなものは「終わらせてしまえ」の精神が強いように感じます。

えらてん 憲法にも書かれていますよね？「天皇は、日本国の象徴であり日本国民の統合の象徴」なんです。これは地域社会の伝統や名士的存在に置き換えても同じことが言えて、もしも伝統や名士が途絶えてしまったら、その地域の統合の象徴が失われかねない。そう考えると、若い世代を中心に蔓延している「合理化」とは、すごく安っぽい思考だと思います。たかだか二十数年しか生きていないような若造が、合理化という陳腐な思考で早まった結論を出すなって話なんですよ。でも、結局のところ、次世代が何をカッコイイかと思うかでしか未来は決まらない。我々みたいな立ち位置よりも、ホリエモンの方がカッコ良く見えてしまったら本書の負け。でも、もしも「役割を果たすことがカッコイイ」と感じる人が増えれば、本書を出したかいがあると思います。

自分を優先させるより
「自分の役割を
果たそう」
という気持ちが大事

えらてん

「誰かのために
何ができるか」を考えて
実行していきたいですね

池田

あとがき

静止力というちょっと変わったタイトルの本を手に取っていただき、最後までお読みいただいて、まことにありがとうございました。

「聖なるものをなくしてはいけない」

これが本書を通して言いたかった唯一のことです。

個人の考えには限界があります。いま喧伝されている、好きなことで生きていくという考えも、時代や地理に大きく影響を受けた、か細いイデオロギーです。あらゆる支配的な考えは、すぐに「あれは違った」と移ろいゆきます。

その中で、私が頼みにできるのは、聖なるものです。

聖なるものとは、なぜだか分からないけれどずっと存続している文化だったり、風習だったり、宗教だったり、さまざまなものです。

コストパフォーマンスを考えろ。そんなものはムダだ。そういった理屈で、さまざまな聖なるものが失われています。そして、私たちの世代は、聖なるものなど必要ないかのごとく行動しています。

いまあるものの価値は、それがない状態と比較しなければ分かりません。それは原理的に不可能なことですし、継続していることそれ自体に価値がある「伝統」は、いったん途切れればまた復活させることは困難です。

すぐに「ゼロベース思考」で考えがちな昨今です。しかし、そもそも言語からして日本語に限定されている中で、前提条件をなくすことが果たして可能なのでしょうか。

政治経済を語ればすぐに「そんなんじゃ、世の中変わらないよ」という言葉が出てきます。しかし、変えてはいけないことを変えないということもすごく大事な選択肢です。それは生き方についても言えます。

地域に根付き、子供を育て、死者を弔うといったことは、変えてはいけない聖なることだと私は感じています。そして、その聖なるものが失われつつあるということを、肌で感じています。

自分たちの考えが浅はかなものかもしれないという思いを常に念頭において、受け継いだ資源を次世代に渡していく、そういった古臭いことをいまこそ大事にしていきたいと思います。

そしてそれは、私だけでできる仕事ではありません。読者のみなさまの中で、確かにそうだ、その役割を担おうと思ってくださる方が、ひとり、またひとりと現れる中で、伝統というものは守られていくと考えています。

マルクス「経済学哲学草稿」光文社文庫訳より三章「地代」を引用します。

「（中略）土地の相続権をもつ長子も、土地に帰属している。〝土地が長子を相続するのだ。〟（中略）土地にはいくつかの特権があり、裁判権があり、政治的な地位がある。（中略）所有地の支配はむきだしの資本の支配というあからさまな姿を取らない。領民は土地にたいして祖国にたいするような関係にある。（中略）そこには国民感情のごときものが息づいている。また、〝王国が王に名前をあたえるように、封建的土地所有は領主に名前をあたえる。かれの家族の歴史や家の歴史のすべてが、所有地の個性となり、所有地を正式にかれの家たらしめ、一つの人格たらしめる。〟」（〝〟は筆者）

マルクスがここで何を言っているかはさておき、非常に示唆に富んだ文章です。私は東京都豊島区に対して、祖国的感情、郷土愛を持っております。この地域の名前、例えば池袋、要町、椎名町、東長崎、千川、そういったひとつひとつの地名に対して懐かしみを覚えますし、いつまでもそのままであってほしいと思っています。みなさんも、〝地元の風景〟〝名前〟といったものに、少なからず情を感じるのではないでしょうか。

マルクスの言うように、人が土地を相続するのではなく、土地が人を相続するとすれば、相続人を失った土地は、裁判権を失い、政治的な地位を失い、やがて名前を失います。領土問題の本質的なところは、排他的経済水域がどうこうより、そうした点だと考えます。そして、領土問題は、少子高齢化に伴い、必ず進行していきます。多くの故郷が名前を失います。

土地がほかの商品のように、必要なときに使用し、必要ないときには手放せばいい、そういう身軽なものであればよかったかもしれません。しかし、耕作放棄地の問題を見ればわかるとおり、一度荒廃した土地に人が戻ることはほとんどありません。

ですから、土地を守ることが大切なのです。なぜなら、そこには先祖の骨が埋まっているからです。

自らの民族が生き、死んできた歴史というのは、本当に土地と共にあります。およそビジネス書とは思えぬ終わり方ですが、少しでもみなさんの心に響くものがあればよいのですが。

えらいてんちょう

2019年6月吉日

えらいてんちょう

1990年12月30日生まれ。慶應義塾大学経済学部卒業。

バーや塾の起業の経験から経営コンサルタント、YouTuber、著作家、投資家として活動中。2015年10月にリサイクルショップを開店し、その後、知人が廃業させる予定だった学習塾を受け継ぎ軌道に乗せる。2017年には地元・池袋でイベントバー「エデン」を開店させ、事業を拡大。その「エデン」が若者の間で人気を呼び、日本全国で10店、海外に1店（バンコク）のフランチャイズ支店を展開。各地で話題となっている。昨年12月には初著書『しょぼい起業で生きていく』（イースト・プレス）を発売し、ベストセラーに。朝日新聞ほか多くのニュースメディアで取り上げられたことで男性女性から幅広く支持されている。今回、本書のほか『ビジネスで勝つネットゲリラ戦術【詳説】』『しょぼ婚のすすめ　恋人と結婚してはいけません！』と合わせてKKベストセラーズより3冊同時刊行。YouTube「えらてんチャンネル」のチャンネル登録者数は約14万人（2019年6月現在）。

静止力（せいしりょく） 地元の名士（じもとのめいし）になりなさい

2019年7月10日　初版第1刷発行

著者　えらいてんちょう
発行者　塚原浩和
発行所　KKベストセラーズ
〒171-0021
東京都豊島区西池袋5-26-19　陸王西池袋ビル4階
電話　03-5926-5322（営業）
03-5926-6262（編集）
装幀　小口翔平+岩永香穂（tobufune）
カバーイラスト　髙柳浩太郎
構成　松本晋平
図版イラスト　いしいまき
対談写真　永井 浩
印刷所　錦明印刷
製本所　ナショナル製本
DTP　オノ・エーワン

ISBN978-4-584-13924-0　C0095
定価はカバーに表示してあります。